この withコロナの悩みに この頼れるスペシャリスト

プロフィール・得意とする相談内容・手法・料金・連絡先

超越した能力で解決!

25人

「心とからだの悩み解消プロジェクト」特別取材班・編

毎日を忙しく過ごしながら、ふとした時に「自分の人生はこれでいいのだろうか？」と思うことがありませんか。

このまま同じ繰り返しで人生が過ぎてしまいそうで、もっと自分にはやることがあったのではないだろうか、と言いようのない焦りを感じてしまう……

家族と一緒に住んでいても、みんな好き勝手に過ごしていて一体感がない。

パートナーとの心の距離がどんどん遠くなっていく。

自分を心配してくれる友達がいない。

人の輪が苦手でいつも気が付くと一人でいる。

孤独で生きている実感がわかない。

お金の不安がいつもいつもつきまとう。

そんな思いを抱えながら生きている人はとても多いと思います。

新型コロナという脅威で、さらに追い打ちをかけるように不安材料が増えてしまいました。

習慣も変わり、外出時にはマスクをするのはあたりまえ、仕事を取り巻く環境も変わり、リモートで自宅からできるようになりました。

何か見えない力がはたらいて私たちの生活は違う形へと促されているようです。

集団のなかで過ごす時間よりも、個人で過ごす時間を多くされているような流れを感じます。

まるで、交流を遮断して自分と向き合う時間を作られているかのようです。


他人からどうみえるか？　という外側からの価値基準で生きる。

外からの刺激で楽しむ時代から、自分の価値観、自分の本当の声を聞いて生きる時代に変わるときが来たのではないでしょうか。


見えないはたらきは、わたしたち一人ひとりが、自分の価値判断、自分のやりたいこと、自分の生きたい生き方で進んでいくようにと促しているのでしょうか？


コロナによる地球規模の変化はフラクタルとして一人ひとりの変化でもあります。

今こそ、あなたがあなたのなかに押し込めていた心の声を聞いて、あらたなるステージへと上がっていくときなのかもしれません。

しかし、今までのルールが急に変わってしまうことで、迷ってしまうこともたくさん起きてくるでしょう。

もしかしたら、どんどん悪い方へと行ってしまうかもしれません。

孤独感、人間不信、お金の不安を抱えながら進んでいくことは、とてもつらいことでしょう。

悲しくて心が迷子になってしまったとき。

もうこれ以上進めない、とつらくなってしまったときには、ぜひ、本書の25人のスペシャリストを訪ねてください。

あなたの悲しみや怒りに寄り添い問題解決の手がかりをみつけてくれます。

誰にも理解してもらえない不調を相談してください。

病院でも原因が見つからず、解決できなかった問題をこれまでにないアプローチで改善へと導いてくれることでしょう。

度々起きる問題、長く解決しない問題で悩んでいるとしたら、それは、前世から続いている解決できていないことが原因かもしれません。
時間を超えた解決方法で紐解いてくれるでしょう。
小さいころからのトラウマを発見してくれるかもしれません。

悩み、悲しみ、身体の不調、人生の迷いをひとりで抱え続け、心底疲れ切ってしまう前に、つらい胸の内を打ち明けてしまいましょう。

本書の25人のスペシャリストがあなたに向き合い、時には本気だからこそ、きびしい意見も言いながらあなたの人生の伴走者になってくれるでしょう。
自分では見つけることのできなかった根本原因を探り、あなたを次のステージへと送り出してくれます。

本書の先生方はあなたの味方です！

あなたがあなたらしくイキイキと生きて幸せでありますように、編集部一同願っております。

（順不同）

ウイズコロナ・アフターコロナは「魂活《こんかつ》」の時代！
波動を上げて魂を磨き、神につながる

魂《たましい》クリニック外気功療法院《がいきこうりょうほういん》

千葉《ちば》 一人《かずひと》先生

得意とする相談内容：神人合一《しんじんごういつ》、封印解除《ふういんかいじょ》、能力開発、治癒力向上、トラウマ解放、疲れ・不安・絶望感、劣等感・罪悪感、不眠、浄霊（昇天）、霊障

解決手法：魂軌道修正療法《たましいきどうしゅうせいりょうほう》、神人合一療法《しんじんごういつりょうほう》〈守護霊授付《しゅごれいじゅつき》、霊障、封印解除 現世トラウマ、過去生トラウマ、今世契約解除、黄泉魔界、先祖遺伝子怨念解除〉療法、身体レベルアップ療法＋魂の磨き＋願望実現、遺伝子意識変換療法

解決方法：対面、遠隔、セミナー

時　間：10：00～18：00（臨時休業あり）　日曜定休

料　金：魂活療法 30 日間 70000 円 CD 付き（20000 円相当）、気功療法 5000 円／ 30 分、10000 円／ 60 分、ペット療法 5000 円～、法事供養療法 10000 円、浄化療法 10000 円

住　所：〒213－0001　神奈川県川崎市高津区溝口２－26－６　プロプリエテール三田　301 号

電　話：044-813-4941

ＦＡＸ：044-811-1041

Facebook　https://www.facebook.com/gaikikou

メールアドレス：chiba@gaikikou.co.jp

サイト URL：http://www.gai-kikou.jp

天然痘、ペスト、スペイン風邪、ＳＡＲＳ、そして今回の新型コロナウイルス……。人類はさまざまな感染症に幾度も脅かされながらも、押さえつけて新たな文明を構築してきた。新型コロナも例外ではない。新型コロナは人類に大きな気づきを与えようとしているのではないか。それが「魂活」だ。

西洋医学は「体」へのアプローチから始まった。人間の体を観察・研究し、病気を克服する治療法や医薬品を開発してきた。

だが、「体」のみに対する懐疑《かいぎ》も生まれ、その反動として「心」が見直されるようになった。心理学やスピリチュアルなど、多くの手法で「心」にアプローチし、病気を癒したり疲弊した人間性を回復させてきた。

だが、新型コロナによって人々の生活がさらに変わろうとしている。

「これから重要になるのが『魂』へのアプローチです。『魂活』の時代が始まろうとしているのです」と千葉一人先生は訴える。「魂」とは何なのだろうか。「魂活」とはいったい何なのだろうか。

■「波動」の存在

千葉一人先生は熱血漢だ。真っ赤な不動明王のような勢いも感じるが、話し方は物静かである。冷静に相手が理解できるまで懇切丁寧に教えてくれる。

千葉先生の「魂クリニック外気功療法院」は人間を構成する『体・心・魂』の波動を整

える施術を提供している。

千葉先生の波動の研究は、「気功」の効果が人によって大きな差があることへの疑問から始まった。

父である故千葉久之先生は、偉大な気功師で総務大臣所管日本予防医学行政審議会から推薦されて、日本初、代《だい》替《たい》医《い》療《りょう》承認院（2006年1月）として認定されたほどの腕前であった。

しかし、それだけ優秀だった初代でさえも匙を投げてしまうクライアントがいた。

「本人に本気で治る気がなければ、施術のしようがない」とも言っていた。

そんなところから、たくさんの疑問が生まれ、研究が始まった。

そもそも気の流れは、限られた人にしか感じられない。

しかし、本当は誰にでも見える形で提示し、人間の生命の神秘性を解き明かすことができるのではないかと、先生は考えるようになった。

そんな時に出会ったのが「波動」の存在と「ドイツ波動医学」であった。

波動療法とは、ドイツで発達した医学であり、身体の波動を調整することで、本来持っている生命力を引き出し、病気などを治癒させる。

波動療法の理論を研究し、国内に紹介したが、千葉先生は異端児扱いされた。先生の考えはあまりに進歩的で衝撃的であった。

波動療法のベースとなっているのが量子力学だ。量子力学は物事の存在の本質を突き止めようとする科学である。量子力学では、物質を構成するものを分子とし、さらに分子が原子によって構成されているとした。原子は中性子と陽子（原子核）、さらにその周りを回っている電子で構成される。

量子力学の世界では、中性子と陽子（原子核）の周囲を回る電子が物質に見えているだけで、その本質はエネルギーであると証明されている。

■異端児から主流へ

我々が物質だと認識しているものは、すべてエネルギーが変化して目に見えているものにすぎない。

これは世界に大きな衝撃を与え、さまざまな形で反論された。

一方で支持するグループも現れ、量子力学によって宇宙の誕生までも理論化されるようになった。

やがてスピリチュアルの世界でも「引き寄せの法則」が流行となり、その引き寄せる理由に「波動」や「共鳴」の言葉が利用されるようになった。

波動は波であるから、同じ周波数の波に共鳴する。

楽しいことを考えていると楽しいことが呼び寄せられて、現実が楽しいものとなる。悲観したり、マイナスな言葉を口にしたりすると、その波動が悲しい現実として現れる。

今では、量子力学を口にするスピリチュアリストは多く、千葉先生の理論は、異端児から主流へと変わっていった。


さらに、千葉先生は疑った。

「波動とは何だ？　計測できないだろうか？」

完全に突き止めなければならないのが千葉先生という人らしい。

ここで見つけたのが波動を計測するレヨコンプ（レヨメーター）という機械であった。千葉先生の得た機械は世界的にもクラシックなもので、すでに国内では手に入らない。

千葉先生はレヨコンプによる計測に夢中になった。多くの同業者の中でも、これほど徹底して追求する理論家はほとんどいない。

ここで千葉先生は、物質以外の万物に波動があることを発見する。ものでも人でも名前でも心でも言葉でも、計測できないものはないと悟った。


波動は共鳴する。良い波動の人のそばにいれば快適になり、悪い波動の中にいれば不快になる。

運不運さえも波動で決ま

レヨメータで魂の階層を測る

る。良い波動の中にいれば運が良くなるし、悪い波動の中にいれば運も悪くなる。

波動療法では、病の原因を波動の不調和として調整する。検証を繰り返すことで、実際に病根がなくなりクライアントは元気になるという実証を得ることができた。

■ビッグバンと魂

量子力学では宇宙の始まりも証明されている。それがビッグバンである。

ビッグバン以前に物質は何もない。ただ巨大なエネルギーだけがあって、その爆発によって引き起こされたのがこの宇宙である。

138億年前の話だ。

このビッグバンを千葉先生は、神と人間の起源に置き換えて説明する。

かつて『絶対』の世界があり、そこに神は絶対なるものとして存在していた。だが、ある日自分の姿を見たくなり、自分の一部を『相対』の世界へと押し出した。

「すなわちビッグバンです。これが人類の発生の根源になります。かつて、我々は神と一体だったのです」(千葉先生)

人間が神と似ているのは神の分身だからである。「自分」とは「自らを分かつ」と書くのも、これが理由である。

人間が波動を持つのも、神から分け与えられたからだ。

千葉先生は「魂」の存在に注目した。

「『魂』こそ、神から分け与えられたエネルギーそのものであり、波動なのです」と先生は説明する。

絶対の世界にはエネルギーしかない。

神とは果てしなく強く高い波動を持つ、絶対なエネルギー体のことなのである。決して「もの」でも「人格」でもない。

人間が波動を高めるということは、この神と呼ばれる不可思議なものに波動を近づけることにある。

人間は「体」「心」「魂」の3つの要素で構成されている。体は見ることや触ることができ、心は感じ取ることができる。

だが「魂」はよくわからない。

魂とは本質でもある。「仏作って魂入れず」とはこの本質を忘れていることで、これでは仏は完成しない。人間も同じである。

人間はまず「魂」というエネルギーが誕生し、そこから体と心が発生した。

魂とは人間の中心にあって、体にも心にも大きな影響を与えている。死ぬことによって、体と心は存在を失うが、魂は肉体を離れるだけで、エネルギーとしては不滅である。

魂による本質的な人間のことを「神人《しんじん》」や「真人《しんじん》」と呼ぶこともある。

魂を磨くことで心も体も調和を取り戻す。

体や心に続いて、「魂」が新たな療法のアプローチ対象となっているのだ。

魂もエネルギーであるから共鳴する。同じ

波長の人間が惹かれ合い一緒になる。夫婦も波長が合っていると仲がよく、これが壊れると破局を迎える。

破局を避けるには無意味な努力を続けるよりも、二人の魂の波動を一致させるべきである。

片想いも自分の波長を相手の高さに合わせることで、両思いにすることができる。

いじめも解決できる。いじめは、いじめっ子といじめられっ子が同じ波長を持っているからくっついて問題を起こす。

千葉先生は、いじめられっ子の波長を上げることで、いじめのトラブルを何度も解消している。

■魂の波動を上げるのが「魂活」

人は本質＝神から離れることによって波動が低くなってしまった。

本質から離れる。すなわち神から遠ざかることによって、人間は我欲が強くなり波動が下がってきた。

今求められているのはこの我欲を静め、波動を上げることなのである。

我が強くなることによって、我々には、規律が必要になった。法律もそうだ。昔は17条もあれば十分だったが、今では膨大な数の法律が編纂されている。

古来東洋では「鏡」を神の象徴としてきた。鏡（かがみ）から「が（我）」を取ると神（かみ）になる。これが神人合一だ。

　相対の世界に生きる人類は、絶対の神から離れる一方である。元は神の一部であったはずだが、我を極めていくことで、地球上に大きな災いをもたらしている。

魂活がここから広まっていく

　人間は神の元に戻ることができず、輪廻転生を繰り返し、おびただしいほどの過去生を背負ってしまった。

　多くの因果が魂にさまざまな影響を与え、それらが原因となって、現世の苦しみになっている。

　この悪循環から抜け出すにはどうすればいいのか。輪廻転生を繰り返すことなく、地球上から卒業するにはどうすればいいのか。

「人間が戦争ばかりしているのは我欲を出すからです。強い波動のみを求めているのです。これでは人類は救われません。魂活、すなわち自分の魂の波動を高める時代になっています」と主張する。

　人は過去生の記憶を持っていないのだが、魂に蓄積されており、それを確実に現世に引きずっている。

「例えば高所恐怖症の方は過去生で高い所か

ら落ちて死んでいるのです」と千葉先生は説明する。窒息死した人間は呼吸器系に病気を持っている。こうなると薬でも手術でもなかなか治すことはできない。

「この輪廻転生や過去生からの切り離しが最終的なゴールです。そのために『魂活』が必要なのです」と千葉先生は訴える。

「人はずっと輪廻転生を繰り返すのですか?」と問うと「最も高いレベルまで波動を上げていくと、人間は輪廻転生から解放され神の元へと還っていくのです。それこそが神人合一です」

魂を磨き、神の元に還ること。これが人間の生まれた目的である。

■波動を上げる方法

では、どうすれば波動を上げることができるのだろうか。滝に打たれるなどの苦行が求められるのだろうか。

「波動を上げることは、さほど難しいことではありません。波動の高いところに身を置けばいいのです」とやさしく先生は教える。

波動は共鳴することで磨かれ、自らの波動も高まっていく。これが原理原則である。とはいえ、地球上は人類によって開発しつくされ、すでに人間界では良い波動を得ることは難しいとも言う。

「世界で残っているところといえば、アマゾンの奥地。チベット仏教の聖地であり修行の場となっているカイラス山周辺ぐらい。日本では屋久島あたりでしょうか」と語るのである。

確かに、チベット仏教は魂に言及している数少ない宗教である。

もちろん、国内でも良い波動を持つところもないわけではない。そういった場には寺が建てられたり、神社が建てられたりしている。

神社仏閣があるから波動が良いわけではなく、波動が良いから、そこに神社仏閣が建てられたのである。

しかし、ずっとそこにいるわけにもいかない……。

これでは救いようがないのではないか。

もちろん千葉先生はこれに対する対策も研究している。

「ちょっと実験してみましょう」と言って先生は、4個の先の尖った鋲《びょう》を示す。

「先の尖っている物には、底部からエネルギーが集中し、その頂点で波動が極めて高くなる傾向があります。これを四隅に置くことで、その真ん中の波動が高くなるのです」（千葉先生）

先生の療法院のあるビル階段の踊り場の波動を計測してみると、レヨコンプでは1と出る。ずいぶんと低い。

次に、その踊り場の周囲4カ所に1個ずつ鋲を置く。

これでレヨコンプによって計測すると、いきなり7まで跳ね上がってしまった。

確かに踊り場がどことなく清々しくなったような気がする。

さらに先生はＣＤデッキを持ち出し、波動を高めるＣＤ音楽をかける。

これにより、レヨコンプによる計測周波数はなんと13を示した。

これは驚異的である。

なるほど、確かにそんなに難しいことではないかもしれない。

この波動を高める道具は、「GoodWave Shop心音～ここね（https://kokone.koriana.jp/）」から買い求めることができる。円錐は「ウェーブキャッチャー」という名前で、意識工学研究家岩崎士郎氏の発案である。

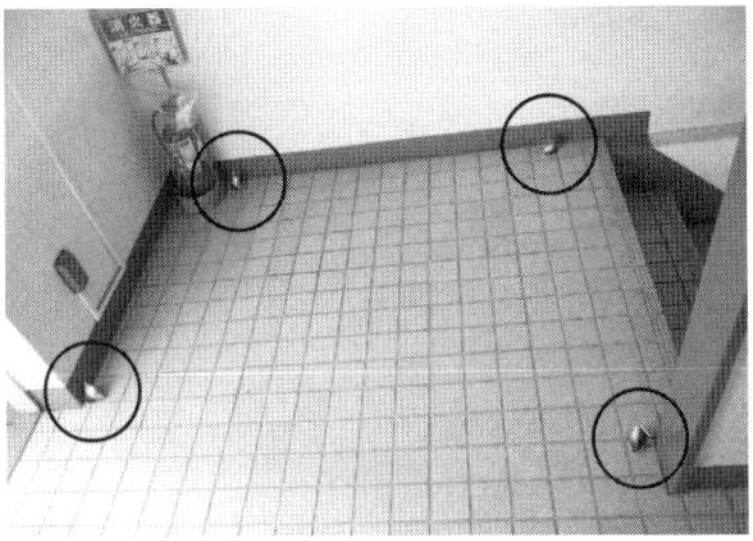

三角錐を四隅に置いて浄化する

波動音楽ＣＤは千葉先生のサイトからも買い求めることができる。

自分の部屋にＣＤを流すことで、場の浄化が行われるので、自分の部屋が波動の高い場となってくれるので試していただきたい。

また、四隅に置く錐は自作することも可能だ。波動の高い風景写真を印刷し、円錐形を創るだけだから簡単だ。写真は「チベットのカイラス山かブラックホールの写真がいい」のだそうだ。これもネットを調べるとカラー画像を手に入れることができる。

記者も帰宅後にさっそくやってみた。

ブラックホールの写真をカラー印刷して円錐形に丸めデスクの周囲やベッドの周囲に置く。これだけで波動が高まる。

　これを置くことで、気の流れがよくなったように思えるし、集中力も高まる。ベッドの周りに置くことでぐっすり眠ることができるようになる。

自分で作れる三角錐

■十三仏曼荼羅開運カードで波動向上

　魂の波動は、その人の写真を得ることで計測でき、13段階のステージに分類できる。

「例えば、どのような偉人でも自殺した人の波動は低い」と言う。

『川端康成』や『太宰治』はすばらしい文学作品を多数残したが、魂の波動レベルは1か2の極めて低い位置にある。

　では、魂のレベルを上げることは可能なのだろうか。

　その方法が瞑想である。

「瞑想といわれてもよくわからない」

「呼吸に意識を集中し、ただじっとしているだけ」と思っている人が多いかもしれない。

　瞑想とは神につながる修行のことである。禅宗で言う「座禅」である。

　だが、しっかりした師がついていればいいのだが、個人が勝手に瞑想すると低級霊と結び付いてしまい、やっかいなことになる。

座禅を道場で行い、祈りを教会や神社で行うのはこの理由からだ。バリアの効いた聖域で実施しないと、低級霊がすぐに入り込んでくる。

そこで千葉先生の開発したのが「十三仏曼荼羅開運カード」である。

十三仏とは、霊界を司っている仏様で、密教により原型が作られ、今では「十三体の仏」で構成されている。

人が死ぬと魂はあの世に行くが、そこで終わりではない。亡くなってから浄化を受け、そのステップが13層あり、それぞれ「十三体の仏」に対応している。

十三仏曼荼羅は大変強い波動を持っており、ステップを追って波動を上げていくのに適している。低級霊の侵入も許さない。

使い方は難しいことはない。十三仏曼荼羅開運カードと自分の写真を重ねて毎日祈ることで、その人の波動は確実に上がっていく。魂が磨かれていくのである。

十三仏曼荼羅開運カードを実践することで「8日目には大きな変化が出た」という人が

ついに世に出た
運命変換の秘法!!
自分で自分を
変えることが出来る
千葉式
十三仏曼荼羅開運
ピュア・ブレッシングカード
作 千葉一人
十三仏曼荼羅開運ピュア・ブレッシングカード

多い。ちなみに、第1段階の不動明王から第7段階の薬師如来までがこの世、第8段階の観世音菩薩からあの世になる。第7段階の薬師如来までを終えることで、はっきりと違いがわかるというのである。

　無料で体験できる勉強会もやっているので、連絡して参加してみるのもいいかもしれない。

著書『自分を変える 自分で変える 8日間で変わる』

■30日間で波動を高める「魂活療法」

　千葉先生の施術を受けたい人は、療法院にて対面もあるし、電話による遠隔施術を受けることもできる。

　特に好評なのは、先生が30日間かけて転生する必要がなくなるレベルへと、魂の波動を上げていく「魂活療法」だ。

　罪と穢れを浄化させながら、一段ずつステージをあげていくのである。

　用意するものは写真1枚だけでいい。

　色々な人が訪れてくる。

　もう生まれ変わりたくないという人。自分の人生があまりに苦しいことばかりでその理由を知りたい一心で来る人にも大きな効果をもたらす。

末期がんの人、重い心の病の人も来るという。

先に紹介したように、いじめの相談、恋愛の相談もある。人間関係も「魂活療法」で解決できるという。

どうして自分ばかりこんな苦労が重なるのかと人生を投げていた人も、前世や先祖との関係があったことで、疑問が解けていく人も多い。

そして、自ら治癒しようという体と心ができあがる。すると細胞が活性化され、強い免疫力が出き上がるのである。

抱えている病気との付き合い方も覚え、病気に心がとらわれなくなり、今まで病気治癒に負われ四苦八苦していた人生が、大きく変わり出すのである。

■精神病からの解放

例えばこんな事例がある。

40代の男性で重い精神病に悩まされていた。若い頃にうつ病を初代千葉久之先生の治療を受けて回復したことから、今回もと二代目である先生を訪ねてきたのである。

既にあちこちの病院をたらい回しにされ、限界に近いまでの薬の量を服用していた。

薬が体中に回り、頭の中でポタリポタリと薬の滴る音がしていたという。

これはずいぶん薬にやられているな、というのが第一印象であった。

波動も下がりきっている。

時間をかければ、改善はできるだろうと千葉先生は踏んだ。いきなりは難しいから少しずつ波動を上げていく療法を重ねていくことにした。

本人は、1日目の施術でひどく驚いたようであった。三途の川で溺れかかっていたのを助けてもらったような気分であった。

薬漬けからの解放を必須と感じ、初日から「薬をやめます」と宣言した。

「私はそんなことは勧めていません。本人が勝手にやめると言いだし、事実そのとおりにしたのです」と、千葉先生は振り返る。

それからは毎日療法院に通ってくるようになった。

絶望の淵にいた男性は、千葉先生の療法院の波動を敏感に察知したのである。千葉先生が何をするわけではない。本人が待合室で、自分で気功を繰り返す日々が続く。

いきなり薬をやめたものだから、厳しい好転反応も出た。それでも30日ほどすると、人間らしさがよみがえり、普通に立ち振る舞いができるようになった。

とうとうその男性は、「ここで働かせてください」と志願し、細かな用事を与えてもらったりすることになった。

こんなことが数年続いて、今では易の占い師として生計を立てている。

その後も時々先生を訪れ、波動の維持に努めている。

■除霊と浄霊

霊にも波動がある。本人は亡くなったのだ

が、波動が低いために成仏できず、いつまでもこの世でさまよっているのが死霊だ。

この死霊に取り憑かれてしまうことはよくある。

多くのスピリチュアリストもこれに関しては除霊という療法を行う。お祓いである。

強い力をもって追い払うのだが、追い払われた霊は、別の人間を求めて取り憑いてしまう。これでは意味がない。

千葉先生の魂活療法は、その霊の波動を上げ成仏させる。

人間は死んだからといってすぐあの世に行くわけではない。仏教でも四十九日まではこの世にいて、墓に入ることができてはじめてあの世に行くとされている。

しかし、中には四十九日を過ぎても成仏できず現世にさまよっている霊が多い。これらが居場所を求め、憑り付きやすい人間を見つけては入り込んでくるのである。

除霊とは強い波動で悪霊を取り除くことである。これに対して浄霊は、霊の波動を上げあの世に送る、すなわち成仏させることだ。ここに大きな違いがある。

日本には、お祓いを得意とする先生方が多い。そのほとんどは強い波動を持っているものの、高い波動を持つとは限らない。中にはその霊を自分で受けて、千葉先生に浄霊をお願いに来るスピリチュアリストもいるという。

■多重人格

大阪の多重人格者の相談もあった。2020年のことだ。

電話は恋人である男性からだ。聞くとその女性は、突然人格が変わり、それが一人ではないようだ。複数の人間に変わり、ときどき殺人鬼のような形相になり首を絞めてくることさえあるという。

恋人を愛しているからでもあるが、男性は、自分の命の危険も感じていたらしい。

「それではその女性の方の写真を送ってください」と先生がお願いした。

写真を当てることによってレヨコンプで波動を計測できるのである。

見るとずいぶん多くの過去生を背負っている。霊障もある。それらが体に乗り移って多重人格に見えるようだ。

先生がいくつかの霊のステージを上げ成仏させた。ほとんどの霊を成仏させた後、その女性の波動のステージも上げる。

これによって二度と不要な霊が憑り付くことはなくなるというのである。

■人生は魂活

人間は考える力を持ち、道具を駆使することで、自然を開発のために破壊してきた。都合の良いものは取り入れ、都合の悪いものは排除し、人間だけの快適な世界を築き上げている。これをもって文明と考えている。

はたしてそれでいいのだろうか。近年は記

録的な自然災害が続き、新型コロナウイルスも脅威となっている。おそらく人類は新型コロナウイルスの封じ込めに成功するだろうが、2つ目、3つ目の未知のウイルスが出てくることは必須である。これをいつまで繰り返すのだろうか。自然の驚異を人類の力でもって抑え続けることに限界はないのだろうか。

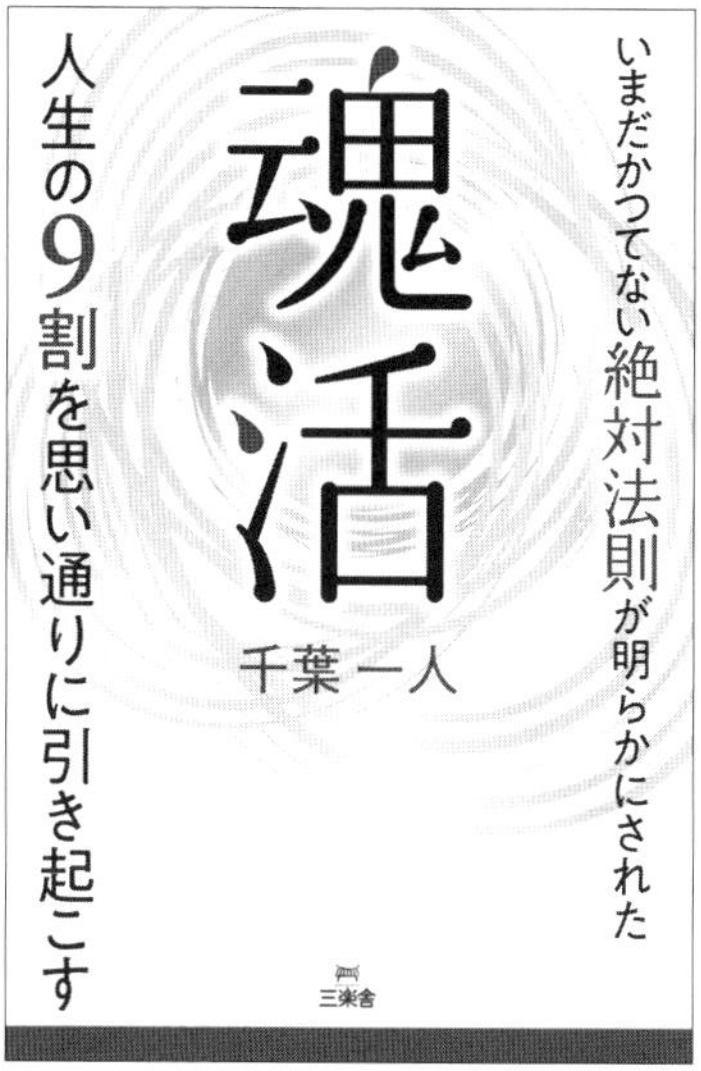

いまだかつてない絶対法則が明らかにされた
魂活
千葉一人
人生の9割を思い通りに引き起こす
三楽舎

著書『魂活』人生の9割を思い通りに引き起こす
いまだかつてない絶対法則が明らかにされた

我欲を押し出す時代は終わった。声の大きい人の意見が通る時代も終わった。

「コロナウイルスは生産性のみ追い求めてきた人類への警告の意味を持っています。人間は魂を磨くことを忘れてしまったのです」と千葉先生は強く諌める。

人類は『魂活』に目覚め、自然との調和を求めなければならない。

「体」にアプローチした時代から「心」へへアプローチする時代へと進化し、今は「魂」へアプローチする時代となっている。

「人生は『魂活』です。生きることがすなわち『魂活』なのです。

『魂活』であなたの魂を成長させてください」と先生は結んだ。

＜存在と活動に感動!＞
脳神経外科医にして卓越したヒーラー 難病患者を次々と救う医学界の異端児

愛せる母《あいせるぼ》・スピリチュアルクリニック《すぴりちゅあるくりにっく》

白石俊隆《しらいしとしたか》先生

得意とする相談内容：肉体・心・魂の不調、その他不調・悩み全般、西洋医学の限界を超える症状への対処
解決手法：生体エネルギー療法、催眠療法
解決方法：対面、遠隔
時　　間：要予約
月・火・水・金・土・日：9：00～19：00（祝祭日も休診なし）
料　　金：初診時面談＋生体エネルギー療法（遠隔治療も可能）　18000円／2時間以内（2時間を超える場合には30分ごと5500円追加、遠隔同）
再診　5500円／20分以内（20分を超える場合には、20分ごと5500円追加）、催眠療法　初診料金18000円+44000円／3~4時間
（自由診療につき保険証は使用不可、すべて自費）
住　　所：〒790-0952　愛媛県松山市朝生田6丁目5-36
（2022年1月11日より）
電　　話：090-7965-3213（クリニック専用携帯）
089-993-8490　（クリニック固定電話）
メールアドレス：info@clinic.icerbo.com
サイトURL：https://clinic.icerbo.com
公式ブログ：https：//tamashiitherapy.com/
※ Googlemapで「愛せる母スピリチュアルクリニック」と入れていただくとクリニック内動画をご覧いただけます。

こんな型破りな医師を初めて見た。まさに感動ものである。

現役の医師、しかもトップクラスの実績を持つ脳外科医でありながら、病院から見放された多くの難病患者を救ってきた。国から難病指定されている重症の各種症例はもちろん、各種がん、頭痛、不眠、生理痛、生活習慣病、ダイエット、不登校……、さらにはペットの病気にまで対応している。

スピリチュアルな療法を積極的に取り入れている医師は海外にはいるが、日本では極端に少ない。補助的に取り入れるのが精一杯で、スピリチュアル専門の病院として開業し看板までかかげている医師が他にいるだろうか。

■西洋医学からヒーリングへ

「私は医者が嫌いです。医者になりたいと思ったことなどありません」と、驚くようなことを白石先生は口にする。

教師の家庭に生まれており、医学を目指すよう勧められたことは一度もない。ただ、子どものころから自然や生きものが大好きで、興味があったものが「生命」であり「人間」であった。

その興味を突き詰められる学問は医学以外にはなかった。医学部へ進んだら、必然的に医師になるルートが敷かれていただけである。

学費は自分でアルバイトと奨学金などで支払ったが、400万円余ほどの借金が残った。これを医師になってから20年で完済している。

1985年に愛媛大学大学院医学研究科を修了し、医学博士を取得。同年から愛媛大学医学部附属病院に勤務している。

以降県下の大規模総合病院に勤務を続け、2013年からは私立のM病院に勤務している。この病院は、愛媛県西条市の総合病院であり、救急指定の地域中核病院だ。

脳外科医としては40年のキャリアを持っている一目置かれる存在である。県下トップクラスの実績と技術を持ち、脳神経外科手術も1000例以上を経験していた。多くの先進的な技術を愛媛県に導入もしている。

「でも、西洋医学には限界を感じていました。患者の重い症状を完治させたいのですが、解決できないことに疑問を感じていたのです」

と先生は振り返る。

そんな時に目にしたのがヒーリングの施術であった。ある施設で勤務する医師に誘われて施設に行くと、西洋医学に見放された患者が数十人も詰めかけている。

「いくら病院に通っても医者は治してくれない」「難病指定されて、余命を宣告された」などと口にする。

そしてそれら患者がヒーラーの手によって、蘇っていくのだ。歩けなかった人達が立ち上がり歩いて帰っていく。これらを目の当たりにしてしまったのだから信じざるを得ない。強い興味と疑問を持ち、科学者として究明しなければ気が済まなくなった。

「この出会いは必然であり、神に導かれたのだと思っています」と白石先生は口にする。

セミナーを受け、白石先生は数カ月でヒーリングの能力を身に付けた。

■院内での初の施術

特殊な能力を身に付けた白石先生であるが、むやみにその技術を治療に使うことは許されない。インフォームドコンセントが徹底されており、患者の承諾なしに医療行為をすることは禁じられている。確実な説明が必要だし、看護師もそばにいる。病院は公的な場所であり、軽はずみな真似はできないのである。

そもそも、病院は保険点数で仕事をしており、該当しない医療行為は歓迎されない。

それでも、ヒーリング能力を身に付けて、半年ほどで試す機会に恵まれた。脳梗塞の後遺症で、肩が痛いと訴える中年の女性であった。「何とかなりませんか、先生」と、患者は訴えるのである。

それまでの白石先生であれば「これは脳梗塞の後遺症だから限界です。諦めてください」と答えていただろう。しかし、この時は、もしかすればこれは使えるのではないかと思った。

しかし、いきなり患者に手をかざすわけにはいかない。たまたまその患者は、手かざしによる施術を知っており、ぜひ受けたいという。ラッキーであった。

痛いという肩に手をかざし、10分ほどしてから聞くと患者が腕を動かそうとする。その腕がスッと上がった。

成功して白石先生は安堵した。

もう10分手をかざすと、今度は腕を回すことができた。

これが第一例目となった。白石先生は大きな自信を得ることができた。同時に、ヒーリングの能力の重要性にも気づいた。以降、外来で繰り返し提供するようになり、やがて入院中の病棟でも行うようになった。

■くも膜下出血と掌蹠膿疱症《しょうせきのうほうしょう》

２０１５年７月には、くも膜下出血の後遺症で頭痛に悩まされている患者を治療する機会があった。

白石先生によるコイル塞栓術《そくせんじゅつ》により、死を免れた患者だったが、激しい頭痛が残った。腰痛もあるし、体中の関節も痛む。

また、この患者は掌蹠膿疱症という厚生労働省指定の難病（特定疾患）でもあった。手のひらや足の裏に皮疹が出て、白くただれていく病気である。

白石先生が回診に行くと、頭が痛いと言ってベッドにうずくまっている。リハビリもできないとスタッフも困っている。この苦しみから解放したいと、白石先生は患者に施術の提供を持ちかけた。患者もその奥さんも了承した。

ベッドに丸くなっている患者に白石先生は手をかざす。

30分ほどして「どうですか」と聞いたら、患者はベッドに座り直し「まだ痛いけれど、座れます」と答えた。それまで座ることさえできなかったのである。

そのまま、また手かざしを続けると、今度はスッと立つことができた。さらには歩き出し、患者も奥さんも驚いた。

翌日からはリハビリも可能となり、今度はリハビリのスタッフが驚いた。

「白石先生、何かしましたね」とスタッフに聞かれた。

「うん、したよ」と答える。そのころは、もう病院から禁止されている行為ではなかった。

それから白石先生は、朝晩毎日手をかざした。頭痛や関節の痛みが取れていったことはもちろん、カサカサに荒れていた手のひらや足の裏がきれいになっていった。

この患者は1カ月で、歩いて退院することができた。

それからは外来でも病棟でも、困っている人があれば手をかざしてあげるようになった。

やがて先生が手をかざしているとスタッフが後ろに並んで、物珍しげに見守るようになった。先生にしてみればデモンストレーションである。

批判的な目で見るスタッフもいたが、患者は喜ぶのだからかまわない。


難病指定とは、原因不明で治療方法もない病気のことをいう。医療施設は持て余すだけで、何もできない。その難病指定に顕著な改善が見られただけでも、とんでもない朗報だ。

この患者のお孫さんが病院に来た時も施術した。3歳か4歳の女の子の中耳炎であった。

症状が重く、鼓膜切開といって手術で鼓膜を切って膿を出すしかない。たとえ1回成功しても再発するかも知れず、これではかわいそうだと先生に哀願するのである。この子にもヒーリングで完治させることができた。

やがて患者ばかりではなく、看護師からも相談が寄せられるようになった。腰が痛いから治してくれないかとか、生理痛が重いと言って持ち寄ってくる。これで10人ほどの職員を施術し、感謝された。

こうして白石先生は、ヒーリング技術を改良し、独自のエネルギー療法として確立させていった。

■催眠療法との出会い

催眠療法は、2015年から16年にかけて2年がかりで、基本を学んだものであり、これもM病院に勤務しているころのことだ。

日本医療催眠学会の理事長である萩原先生から誘われたもので、この人も医学博士である。萩原先生が主催するセミナーに参加しませんかと誘われてすぐに出かけた。

催眠には興味があったし、すでに目に見えない世界の存在や、その可能性は熟知していた。催眠療法の素晴らしさもすぐに理解できた。

「エネルギー療法ですべてが治るわけではありません。魂に傷がついている場合は、自分で気がついて修復しなければなりません」と白石先生は説明する。

魂に傷があると、エネルギーを充填しても完全に回復することは難しい。魂をバケツに例えると、バケツ一杯にエネルギーを補充すれば、それまで出ていた悪い症状は消える。

しかし、そのバケツに穴が開いていると、数日でエネルギーはこぼれ落ちてしまい、また同じような症状が出てしまう。

このバケツ、すなわち魂の傷をふさげばいいわけだが、これが他人にはできない。本人にしかできないことなのである。

本人がなぜ傷があるのかに気がつき、その傷をなくしていく努力をしなければならない。

これをサポートするのが催眠療法だ。本人が魂の傷に気づき、原因を突きとめることができればいいのである。

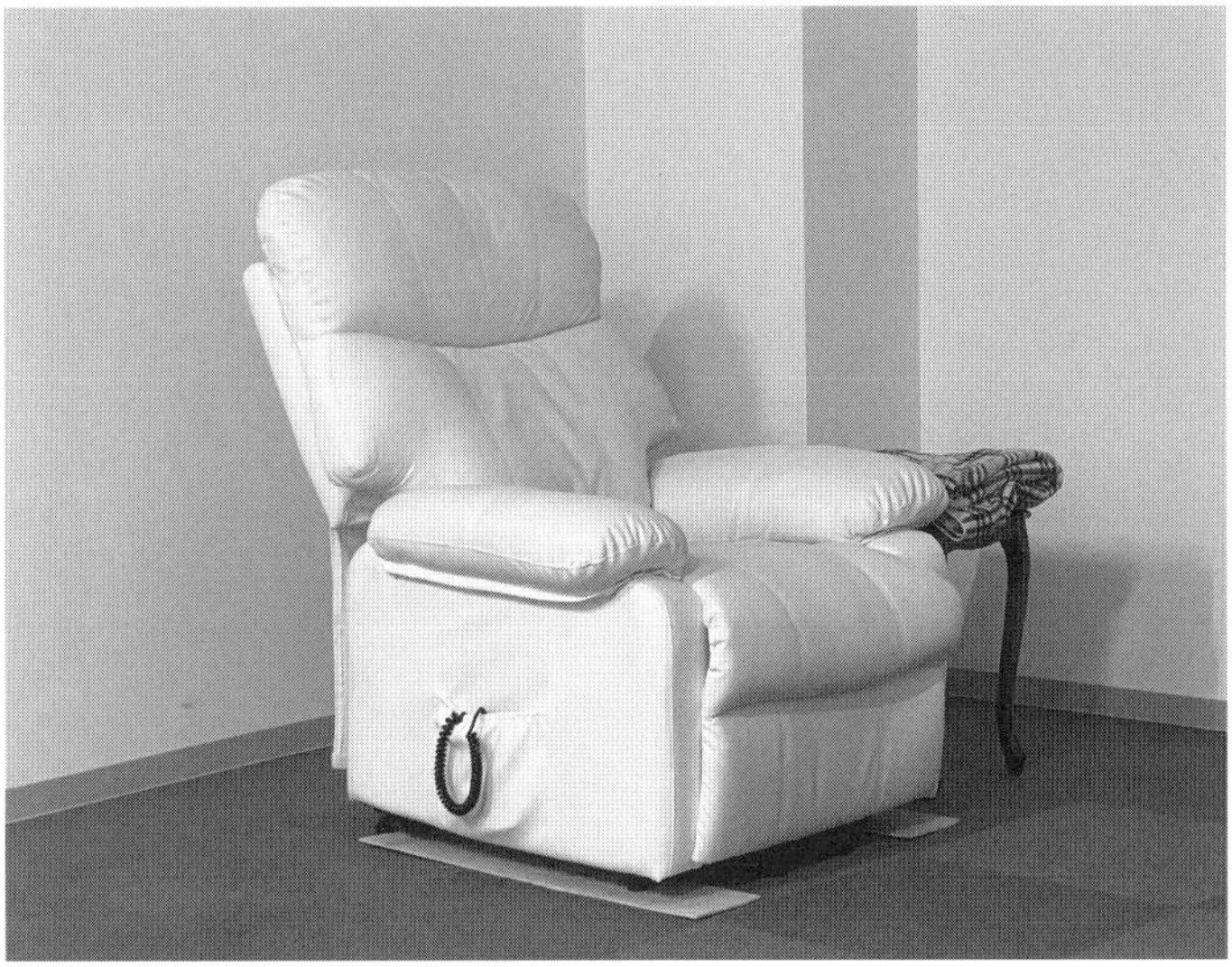

この椅子で時空を超えて、自分の深い傷を発見していく

その傷がいつできたか。それは4つに分類できると白石先生は説明する。1つ目は幼少期、2つ目は胎児期、3つ目が中間世、そして4つ目が過去世だ。中間世とは過去世から胎児になって生まれ変わるまでの中間の時間である。通常「あの世」と呼ばれることが一般的である。

これらの記憶は本人だけが持っており、第三者が指摘することはできない。ここに催眠状態の必要性がある。催眠状態にして本人から聞き出すわけである。

テレビなどを見て、催眠術はかけられるようなイメージを持っているかもしれないが、これは間違いである。催眠はかけられるものではなく、自らが入っていくものである。

■過去世が原因の皮膚病を改善

催眠療法で解消できた皮膚病の例を紹介したい。

顔から胸にかけて皮膚に発疹が出て、赤く腫れ上がっている女性が広島から相談を寄せてきた。50代の女性だが、地元の皮膚科の先生から「もう、あなたは治りません」と言われた。ステロイド軟膏と抗アレルギー剤を処方されていたが、改善するどころか、症状が広がっていた。そこで、白石先生の評判を聞いて、何とかしてくださいと、メールが来たのである。

白石先生はこの患者には催眠療法が必要だと直感し、本人からの承諾の元、施術を開始した。

催眠状態に導いて、ほどなく前世にたどり着いて、彼女は、見えた状況をしゃべり出す。

「汚い足をした小さな女の子が立っています。黄色人種で、モンゴルあたりのような気がします」という具合だ。

どうやら貧しい時代で、ボロボロの布をまとっている。寒いから冬かもしれない。

小屋のような家の周りには、牛や山羊がいる。この女の子には、小さな弟がいる。

母親は弟の面倒ばかりを見て、自分のことをかまってくれなくなった。

母親は「この子を見ていてね」と言って、姿を消してしまう。女の子は弟に母親が取られるのをひどく恐れていた。

ここで、患者の女性は黙って何も言わなくなってしまった。弟に何かしたらしい。

「どうしたのと」と聞き出すと、弟に熱湯をかけてしまったというのである。

弟の顔と胸が赤く焼けただれたようだ。これが過去世のトラウマとなり、彼女の症状となって出ていることがわかった。

やがて現れた母親は、烈火のごとく少女に怒り出し、寒空の下に彼女を放り出す。「もう帰ってくるな」とまで言われる。

そのすぐ後に、家は盗賊に襲われ、家畜は持ち去られ、家には火をつけられ、家族全員が焼け死んでしまった。生き残ったのは放り出された幼い彼女だけであった。

彼女は弟を火傷を負わせただけではなく、家族全員を死なせてしまったとさえ思うようになった。

こんな彼女をどのように癒せるのか。

ここでポイントとなるのが中間世である。白石先生は彼女を中間世に誘って、弟の魂に会わせた。

弟の魂に火傷の後はない。中間世だから肉体はない。だが、彼女は弟に謝りたかった。弟は「何とも思っていないよ」と言うのである。それどころか「お姉ちゃんのことが大好きだよ」と答えるのだった。この言葉を聞いて、彼女は癒されるのである。

母親の魂にも会うことができた。

「ごめんなさい。お母さんを弟に取られると思ったからなの」と、彼女はお母さんに言う。

これを聞いて母親は泣き出してしまう。

「お母さんの方が悪かった。そこまで傷ついているとは知らなかったの」と言って、彼女を抱きしめるのであった。

これで彼女の魂は完全に癒された。

白石先生はエネルギーを転写した水を彼女に与え、これで顔をケアするように伝えた。

催眠療法の後、半年ほどで皮膚炎から解放された。催眠療法にはこのような力を持っているのである。

（参考ブログ：https://www.icerbo.com/cyfons/cf/qi0
https://www.icerbo.com/cyfons/cf/y0　）

「手かざしのヒーリングは外から流すエネルギー、催眠は内からのエネルギーの流れです。内と外のバランスがとれた状態がベストで

さまざまな角度からアプローチしていくために細やかにクライアントの情報を記していく先生

す。その意味でも、催眠療法を学べたことは大きな成果でした」と白石先生は語る。

■勤務先の病院から独立

施術を始めたころは、無料ということもあって次第に患者が増えていった。脳外科医として経験も技術もある先生が手をかざしてくれるのだ。もちろん効果も抜きんでていた。評判が評判を呼び、月に１００人を超えるほどの患者が訪れるようになった。外来で診るからといって、本来の診察時間を利用していたわけではない。通常の診察を終えてからの施術であった。

この状態が1年ほど続いたが、さすがに病院長が疑問を呈するようになった。無料だから患者は喜ぶが、病院の収益にはまったく結びつかない。経営者としては複雑な思いである。

自由診療とはいえ、病院の施設と看板を使っての診察には無理があるかもしれない。そこで、有料にしてカルテも別に作成して、まったく別個の診察にしてはどうだろうかと、白石先生は提案した。

しかし、結果はNGであった。

そうなれば腹をくくるしかない。白石先生は自らのクリニックを開設することにした。

新しいクリニックはM病院と同じ西条市で借りることになった。西条市はさほど大きな街ではないが、メインストリートにあって、立地はよかった。そのクリニックが「愛せる《あいせる》母《ぼ》・スピリチュアルクリニック《すぴりちゅあるくりにっく》」である。

そして、この時からM病院では決してヒーリングしないという約束をさせられた。

「愛せる母・スピリチュアルクリニック」は自らの施設ではあるが、終日診察することはできない。日中はM病院に籍を置き、その病院での仕事を終えてから自分のクリニックに移動して診察することになった。このため、診察時間は19時から24時まで。催眠療法は3時間から4時間はかかるため、深夜に及ぶことも度々あった。重労働である。

M病院ではヒーリングをしない約束であったが、遵守することができなくなり、結局はM病院を出ざるを得なくなった。

白石先生は勤務医としての安定した収入を失うことになった。

「いいんですよ。好きでなった医者でもないし」と、先生は自嘲する。だが、独立してからもクリニック経営は、一度として赤字となったことはなかった。それどころか収入はアップしていったという。

■ペットの遠隔施術例

白石先生は動物への施術も行っている。
「むしろ動物の方が治りやすいですね。人間は不必要な知恵を持っているから治療を邪魔してしまうのですが、動物は疑うことを知りません」（白石先生）
長くやっているうちに、飼っているペットの治療も依頼されるようになったのである。もちろん、遠隔のエネルギー治療となる。病院には動物アレルギーの人も訪れることから、病院ではできないからだ。
この事例は2020年に寄せられた子猫の改善例である。その飼い主は、車のエンジンルームに入っていた猫を保護したが、後ろ足が動かず、引きずって歩いていた。
獣医に連れて行くと、脊髄損傷と診断されて回復は不可能と宣告された。そこで白石先生に何とかできないかと相談があったのである。
「動物病院では安楽死を提案されてしまいましたから、飼い主も必死です」（白石先生）
7月2日に先生は遠隔エネルギー療法を実施した。治療の日、猫の後ろ足は動かなかったが、翌日飼い主から動画が届き、見るとテーブルを後ろ足で蹴っており、これには白石先生も驚いたという。

これは期待以上の効果と喜ばれ、以降毎日遠隔エネルギー療法を提供することになった。

2週間後には4本足でじゃれており、その秋にはもう大きく生長し、駆け回り、傷の痕跡さえもわからなくなっている。


（参考ブログ：https://www.icerbo.com/cyfons/cf/rtt0u）

■自分のような医師の存在を知って欲しい

医師になって、金儲けに走る同業者の醜さを散々目の当たりにしてきた。医師会も極めて堅牢なヒエラルキーを構築し、好き放題である。コロナ対策にも非協力的だ。

医者は社会的には尊敬されてはいるが、白石先生は、職業としては最低だと思っていた。命を商品化し金を稼ぐようなビジネスに走ってはいけないと考えている。

白石先生はれっきとした医者であり、パワフルなヒーラーでもある。医学博士としては臨床の経験も豊富であり、研究も続けて来た。脳外科として最前線で活躍することのできるスキルも備えている。

「しかし、脳外科は僕ではない他の医師でも可能です。僕はエネルギー治療と催眠療法ができ、これらが可能なのは僕だけです。唯一無二の存在なのです」と白石先生は強調する。

また、これは自分の使命なのだとも語る。

「僕はしばしば神の声を聞くことがあります。

その声に従ってここまでやってきました。神からの使命を果たしているのです」と確信しているのである。

そして「このような医師が存在することを読者の皆さんに知っていただきたい」と訴える。

西洋医学は肉体を診るが、白石先生は肉体は診ない。先生は魂を診ている。肉体の症状は、傷ついた魂の結果に過ぎないからだ。

魂が改善されない限り肉体も治ることはない。たとえ治ったように見えても再発するか、別の病を引き込んでしまう。ここに、魂治療の必要性がある。

白石先生のクリニックでは、薬を一切使わない。医師であるから、薬の害や恐ろしさを

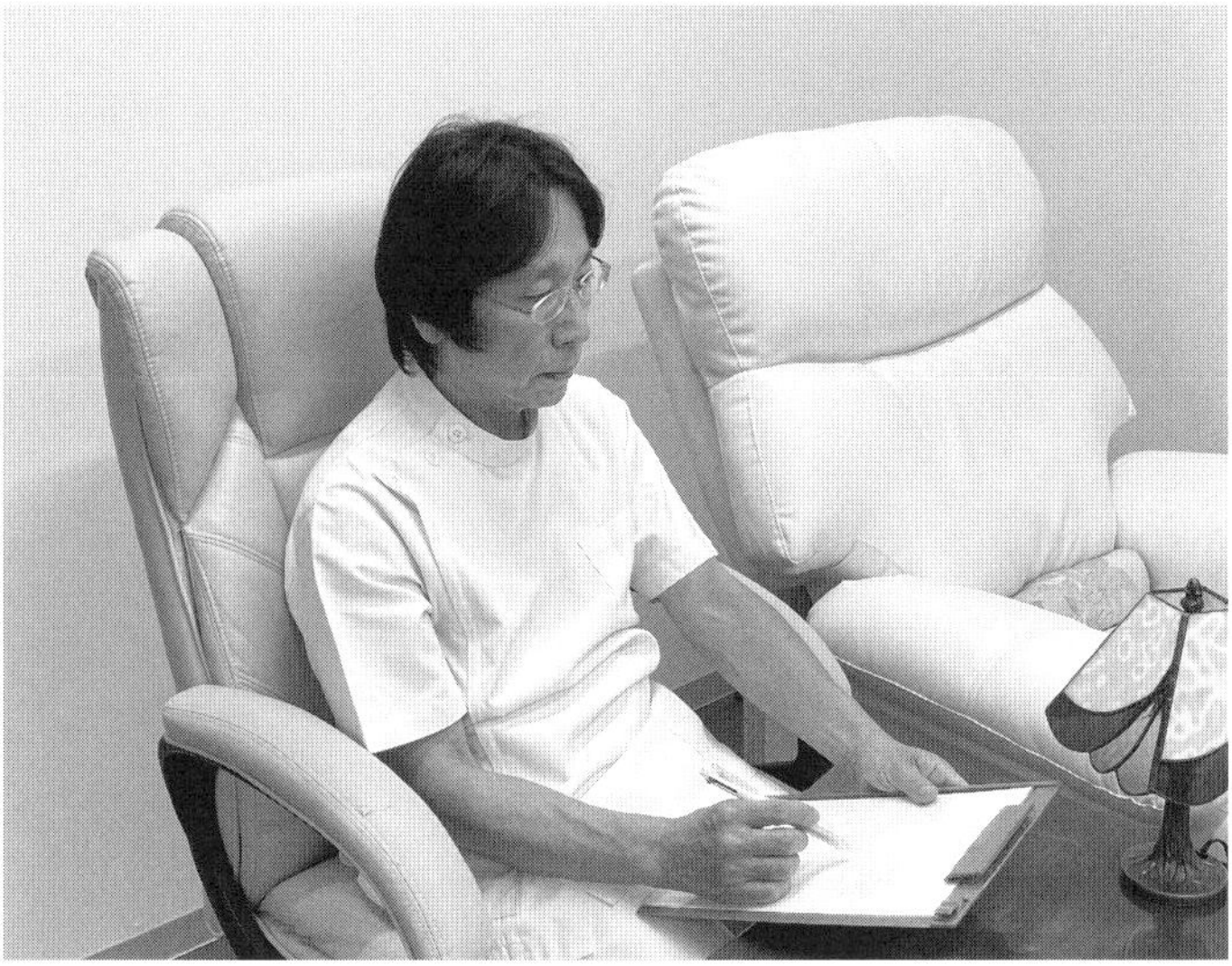

じっくりと一人ひとりに向きあう先生

よく知っているからである。薬を使うことなく多くの症例を改善させてきた自信もある。

病院は保険点数の稼げない難病を簡単に手放してしまう。統合失調症・うつ病・パニック障害・強迫神経症、不眠症、悪夢などは、治らないと患者に告げ、薬漬けにすることも珍しくない。

一方で、弱みにつけ込んで目に見えない療法で法外な料金を請求する療法士も多い。

実際、このような被害にあわれた方々が白石先生のクリニックを訪れている。これらの人々に、白石先生は歯がゆいほど丁寧に対応してくれる。

白石先生はどのような症状でも診ますと言っているが、それは西洋医学とスピリチュアルの双方に秀でているからだ。西洋医学の専門家としてのベースがあり、そのうえにエネルギー治療と催眠治療の知識とスキルを身に付けているのである。

■新天地　松山へ

2022年1月1日から白石先生は西条市のクリニックを引き払って、愛媛県の県庁所在地である松山市に移転する。

西条市のクリニックも5年近くなり、テナント借り上げの満期になった。

自宅が松山にあり、西条市までは往復2時間以上かかる。自宅近くであれば、この時間を患者の治療にまわすことができるようになる。

松山市は飛行場もある。白石先生の患者は全国に及び、飛行場から近いことが望まれる。

実際、九州各県から来ているし、首都圏はもちろん、北海道からも患者が来てくれる。新しいクリニックは飛行場から15分ほどの距離である。

旧クリニックが広すぎたこともあり、今度はコンパクトな物件を探したが、見つかった物件は戸建てで、倍以上の広さとなってしまった。ここにするよう神の声が聞こえたのだからしょうがない。

そこは、以前はカメラマンの撮影スタジオであった。広い吹き抜けがあり、ここなら施術の終わった患者が休息を取ることができる。椅子を敷き詰めることで、30人は入れるセミナールームとして使うこともできる。

驚くことに、白石先生は自分のスマホ番号やLINEを患者に公開している。これは多くの医師の最も嫌がることである。雑多な問い合わせが多くなるし、「クレームが来るのではないか」と心配する医師もいる。

だが、白石先生は患者との接点を大切にする。自分からLINEで患者にアクセスすることさえある。

新天地での開業に白石先生は新たな出会いを待っている。心身に悩みをお持ちの方は、ぜひ連絡してみよう。今まで出会えなかった救いが得られるはずだ。

心を解放できる空間が用意されている

強力なテレパシーでエネルギーを送信!
人にペットに霊魂に

輝素雅殿～KISS GARDEN～

やわやま　まこと先生

得意とする相談内容：受験、検定、試合、発表会、プレゼンテーション、恋愛、相性結婚、離婚、育児、セックス、健康、相続、ペット、ビジネス·経営運勢、霊障、癌各種（肺癌·前立腺癌·乳癌·子宮癌·大腸癌 他）糖尿病、白血病、子宮筋腫、アトピー、自律神経失調症、安楽死、リュウマチ、ヘルニア、喘息、更年期障害、不眠症、躁鬱病引きこもり、パニック症、ワクチン接種症（インフルエンザ・新型コロナ・子宮頸がん他）その他よろず問題解決

解決手法：音響セラピー（クリスタル・ボウルとCD制作・販売）、テレパシック・セラピー（遠隔セラピー）、ペットセラピー（わんにゃんヒーリング）、その他（磁場、空間、お家の浄化、前世トラウマ解消、ご先祖浄化）

解決方法：対面、電話、遠隔、完全予約制

時　間：完全予約制　AM 7：00 ～ PM 9：00　※緊急時は深夜でも対応

料　金：カウンセリング2100円／10分、ヒーリング（遠隔）5200円～、CD制作１万円／１枚～、ペットセラピー500円／1回　12400円／１カ月、応相談

住　所：〒180-0003　東京都武蔵野市吉祥寺南町3−16−15

電　話：090−3512−5332

ＦＡＸ：0422−29−9018

メールアドレス：kissgarden@rondo.ocn.ne.jp
kiss567@ezweb.ne.jp

やわやま先生のセッションルームは、井の頭公園近くの閑静な住宅街の一角にある。部屋に入って驚くのが、部屋を埋め尽くしているクリスタルボウルとチベッタン・ベルの数々だ。小さいものは数センチから、大きいものは数十センチに及ぶ。

その数も壮大だが、響き渡る音にも圧倒される。深く柔らかく厳かだ。

「クリスタルボウルは、クォーツクリスタル（石英）特有の振動で、人間の肉体、精神、魂の波動を調律します」と、やわやま先生は説明する。耳で聴く「音」という感じではない。体全体で浴びる「振動（バイブレーション）」なのである。

先生はこの音を5Hz～41000HzまでをCDとしてクライアントに提供している。その音色は今まで聞いたことのあるヒーリングCDの音楽とはまったく異なる。

「自宅でも聞きたいというお客様から求められて提供を開始したものです」（やわやま先生）このように、やわやま先生にはクライアントから請われて生まれたメニューばかり。

■念波（テレパシー）との出会い

やわやま先生の活動はスポーツインストラクターから始まっており、今でも大学や企業から依頼されて、テニスのコーチをしている。先生自身、学生時代からテニスに熱中し、関東学生庭球同好会選手権でシングルとダブルスそれぞれの優勝経験を持っているほどの腕前だ。

スポーツの指導を続けるうちにフィジカルのみならずメンタルの重要性に気づいた。今でいうメンタルトレーニングだが、当時はそのようなことを唱える人は、まったくいなかった。1970年代半ばのことである。

先人もいないまま、やわやま先生は一般の心理学の書籍を漁った。そこで出会ったのが著名な超能力研究者である『関英男』先生の「念波」という書籍である。150億光年をも一瞬に飛ぶ念波（テレパシー）の存在を科学的に分析した著書であった。

関先生はテレパシーやUFOの存在も認め研究し発表している。サイ科学のオーソリティーとして名高いが、本職は大学教授であり東京工業大学を卒業した工学博士だ。

やわやま先生は、たちまち念波に夢中になった。関先生が世田谷で毎週講義を行っていることを知り、欠かさず参加し、貪欲に理論を吸収していった。

そのような勉強と研究を重ねていたころ、超低空の謎の飛行物体が現れるようになった。飛行機やヘリコプターのようなものが頭上を飛び、それがキラキラと光り迫ってくるようになった。山梨の河川上空であったり、都内の国道上空であったりした。それらはやわやま先生だけに見えて、他の人には見えず、誰も気が付かないものであった。

同時に天からの声も聞こえるようになった。「宇宙からのメッセージです。自分が何をなすべきか、いかにすべきか、次にどうするべきかなどを教えてくれます」と語る。先生はその声に親しみを込めて「マー君」と呼んでいる。
「マー君に教えられてここまで来ました。怠けていると叱られることもあります」とややわやま先生は笑う。

マー君の指示により、整体も本格的に始めた。その開業祝いにもらったのが、クリスタルボウルであった。先生が興味を持って買い求めたものではないのである。整体院をオープンしたら、知り合いがクリスタルボウルを持て余しているから、引き取ってくれないかという。

整体が終わってからのクールダウンとしてクリスタルボウルを鳴らしたところ、とても評判がいい。そこで、これもメニューに加えるようになり、クリスタルボウルが次第に5個、10個と集まってきた。

さらに「家でも聞きたいからCDにしてくれないか」という依頼を受け、プロに依頼してレコーディングをし、ひとり一人のクライアントさんにフィットしたCDを提供している。

■音響セラピー

ややわやま先生は極めて多くの施術メニューを持っており、それらを可能な限り紹介していきたい。まずは「音響セラピー」から。

人間には五感があり、音響セラピーはそのうちの一つ、聴覚に訴える施術である。

音響というと、モーツァルトなどの癒し系音楽を想像するが、やわやま先生の音響セラピーは音というよりも「振動」である。クリスタルボウルを叩くとその振動が、いきなり体を揺さぶる。音への共鳴を体感できるのである。

万物はすべて波動を持っている。物質は分子で構成され、分子は原子によって成り立っており、細分化していくと陽子と中性子、さらには素粒子となる。素粒子はエネルギーであり、すなわち波動である。

「クリスタルはケイ素を元素としておりこれは人間の持つ細胞と同質です。筋肉、血液、骨、臓器と共鳴し、人間の生命活動を調律してくれるのです」（やわやま先生）

すべての物質は正常な振動の正弦波を持っている。しかし、人間社会のさまざまなストレスが人間の細胞の営みを乱し劣化させ、正弦波を狂わせてしまう。それが、多くの症状や病気の原因となる。そのような病んだ肉体と精神をクリスタルボウルの正弦波が調律し、心身の狂いを正してくれるのだ。

セッションルームを埋めつくすクリスタルボールとチベッタン・ベル

やわやま先生はクリスタルボウルのサウンドを音響セラピーCDに収録してお客様に提供している。それらがすべてその依頼者向けのパーソナルCDというから驚きだ。

先生とCDの評判を聞いて、脳力開発教室からの特注もあった。児童の学習効果が伸びるようなCDが欲しいのだという。

そこで、児童のお顔写真とお名前、年齢等の情報を元に、生徒専用のCDを作成した。

「この時はいきなり60枚作りました」とやわやま先生は語る。

受験生の母親からの依頼もあった。子どもが勉強に集中できず、いつもイライラしている。そこで音響セラピーCDを聞かせて、精神を落ち着かせたいという相談であった。

さっそくCDを提供して、3週間ほどしてから、その母親から連絡があった。CDを朝食や夕食時などに流していると、不思議と父親が優しくなったという。

それまでイライラしていたのは、夫である父親の方で、息子にガミガミ「勉強しろ、勉強しろ」と言っていたらしい。その父親がCDを聴いてから精神が安定し、息子にあたらなくなった。そうすると、息子のイライラもなくなった。

妻にも優しくなり、家庭が丸く収まるようになった。親の変化からか、子どもも集中して一生懸命勉強できるようになったという。

心身の不調解消や脳力開発ばかりではない。人間関係のトラブル解消や、運気アップなどの効果も報告されている。

こんなエピソードもある。

音響セラピーCDを流通に乗せようとして、ヒーリンググッズを扱うお店に持ち込んだことがある。だがその店舗に置くことは、店長より開口一番「お断りします」と言われた。

「こんなパワフルなエネルギーのCDを置いたら、他のグッズが影響されて変化してしまいます」ということだった。

「このCDはどのように聴けばいいのでしょうか」と聞かれることがある。「いつでもいいですよ」と答えるそうだ。音が弱くても強くても大差はない。「3万Hzも4万Hzもとても微細な波動は、小さな音ほど全身の細胞内へ浸透していきます。ですので、聴こえるか聴こえないボリュームで体感することに、とても意味があります」（やわやま先生）

「寝ながらでもいいのでしょうか」とも聞かれる。「寝ているときの方が効果的です」と答える。いわゆる睡眠学習である。精神の緩んだ状態ほど効果が高い。寝ているとき、人は無心になり、朝になると、エネルギーがチャージされてすっきりと目が覚めるというわけだ。

■テレパシック・セラピー（遠隔セラピー）

テレパシック・セラピーとはテレパシーで各地へエネルギーを送って、体や精神の不調を癒す手法である。一般的には遠隔セラピーや遠隔ヒーリングと呼ばれているが、ややや　ま先生の場合「テレパシー」の周波数や光の質をクライアントさんの体調に合わせて送信しているため「テレパシック・セラピー」と名付けている。

遠隔地の人から電話でご相談を受け、エネルギーを送っている。毎日定期的に送ることもあるし、1回だけで完結することもある。

先生の看板とも言えるテレパシック・セラピーだが、これもクライアントからの相談が始まりである。

ある日夜中に電話が鳴った。若い母親が、子どもが熱を出して苦しんでいるから助けて欲しいという。地方からの連絡のため駆け付けるわけにもいかない。

「それではエネルギーを送りますから様子を見てください」と言って電話を切り、その母親と子どもにテレパシーでエネルギーを送った。翌朝母親から感謝の連絡があり、子どもは元気に遊び回っていると告げられた。

最初は自信がなかったが、テレパシーでエネルギー調整できることがわかると、同じような依頼が続くようになった。人間のみならず、ペットの犬猫、さらには爬虫類の具合が悪いからどうにかして欲しいという相談まで舞い込むようになった。

やがて、北海道からは「牛の乳房が腫れて乳が出ないので、改善できますか」という依頼があった。

さらには「競走馬の具合が悪いから体調を整えて欲しいという依頼もありました」と、笑顔を見せる。

「テレパシーは人類みんなに初めから用意されている能力です。誰にでもできるんです」とやわやま先生は語る。

しかし、関先生の講義を聞いていたときは「まさか、そんな」と思っていたそうだ。

人の想念は、一瞬にして全世界に拡散する。それは音波よりも電磁波よりも高速で、瞬く間に全宇宙に伝わる。どのような小さなことでも、記録され、宇宙の歴史として残ってしまう。

伝わるのみならず、エネルギーとして拡散し、どこかで現実化する。一人でさえそうなのだから、大勢集まることによって想念は相乗的にその力を増し、極めて大きな影響力を持つ。

例えば国同士の戦争があって国民全体が敵国を恨みに思うと、その想念が巨大化し、戦争はさらに激化する。惨事が惨事を呼び、多くの民が苦しめられ、殺されていく。

逆もある。平和を願う気持ちを皆が持ち寄って祈りを捧げると、それがプラスの大きなエネルギーとなり、拡散されて世の中が明るく平和になっていくのである。

「テレパシーは、世界中の人々がもっと活用していかなければならない能力です。生活に社会に、平和利用していかなければならない重要な能力なのです」とやわやま先生は訴える。

■安楽死から「快適詩《かいてきし》」へ

医者が匙を投げたような重病患者からの依

頼も多い。

人には寿命があってそれを延ばすことはできない。しかし亡くなるまで安らかに過ごすことができるようなエネルギーを送ることはできる。

これを先生は「快適詩」と呼んでメニューに加えている。残されたわずかな時間を、苦しむことなく快適に過ごすことができるようにテレパシーでエネルギーを送る施術だ。


クライアントのお母さんが臨終に近く、病院の先生から「あと2日くらいです」と告げられたという。

クライアントは、せめて後3カ月、桜の季節までもたせたいという。母親は桜が好きで、最後に見せたいからだという。


やわやま先生はこの時病院まで駆け付け、ダイレクト・セラピーをするとともに、定期的にテレパシック・セラピーも引き受けた。

そのせいかどうなのか、希望通り3カ月持ち越して、母親は「今年も桜がきれいだねえ」の言葉を残し、穏やかに旅立たれた。

「病院の先生の見立てが短期的だっただけかも知れません。しかし、最後まで安らかに過ごすことができました」と、やわやま先生は語る。

■ペットセラピー

やわやま先生は多くのクライアントへヒーリングを提供してきたが、同じ数だけペットも癒してきた。

ペットが体調不良だからどうにかして欲しいという依頼が多い。本来、動物達は自然界と調和して生きて来たはずだが、人間と暮らすようになって、大きなストレスにさらされ、病気にかかってしまっている。

「ペットの方が人間よりもピュアですから、エネルギーが通りやすく、すぐに元気になりますね」とややわやま先生は語る。

ペットロスで消沈している人から、亡くなったペットにエネルギーを送って欲しいという依頼もある。亡くなったペットの気持ちを知りたい（リーディング）という依頼も多い。

動物さんたちは、テレパシーを利用して、仲間同士でサインを交換して、見事な団体プレーを見せる。例えば、イワシの大群が一瞬で方向を変えるが、これは目にも耳にも頼ってはいない。テレパシー能力のおかげである。コウモリもイルカも当たり前のように飛び方や泳ぎをシンクロナイズさせているが、とても人間にできることではない。

動物を飼ったことのある人なら、動物のそんな能力を目にしたことが少なからずあるだろう。こうしてみると、人間は万物の霊長ではない。多くの能力を失った、最も劣っている生物なのかもしれない。

「テレパシー能力が人間にまったく残されていないわけではありません。比較的簡単に開発できる超能力の一つです」と、興味深いことをややわやま先生は口にする。

犬の気持ちや猫の気持ちがなんとなくわか

るという人は多い。それは視覚や聴覚から来ているものではない。ここにテレパシーがある。

初めて会った犬とでもすぐに打ち解けて、犬が甘えてきたりお腹を見せたりする。この時は、テレパシーでコミュニケーションしている。

動物と触れ合うことによって、テレパシー能力は開発されていくのである。

そのテレパシー開発に有効なのが瞑想だ。

瞑想は、近年スポーツに多く取り上げられるようになった。瞑想することによって、人は無の境地に入り、必要な時に最大限の力を発揮できるようになる。また、必要な時期に自分のピークを調整させることも可能だ。

これは、テニスをやっていたときに起こった、いわゆる「ゾーンに入る」という体験からも来ている。

必要なときに、必要なタイミングで、意識的に「ゾーン」に入ることができるのである。

大学3年のころ、テニスの試合中にできるようになったという。

「普通の人でも、瞑想によってテレパシー能力を磨くことで、遠隔地の人に自分から念波を届けることができるようになります」とやわやま先生は断言する。

時空を超えて！　先生のヒーリングを受ける北海道のソフィアちゃん

■輪廻転生

亡くしたペットにまた会いたいという願いが多い。別のペットを飼うにしても、生まれ変わったペットにまた会いたいというのだ。

実際、昔飼っていたペットの生まれ変わりに違いないと確信できるペットに出会うことが可能なようだ。

先生の殖やした仔犬の里親をネットで募集したことがある。里親となったご夫婦から「前に亡くした犬そっくりの性格です」という便りが届いたこともある。

不思議と先生は、そのような場面に多く出会うという。

これは人間の例である。

3人の子どもを産んだことのある女性からの電話相談であった。もっとも、1番下の子どもは幼児のうちに亡くしているから、男女2人兄妹を育て上げたことになる。その子ども達も子どもを持ち、おばあちゃんの立場である。

相談は娘さんに関する内容であった。なかなか魅力的な女性らしく、すでに夫を持っているにも関わらず、浮き名を流し、ついに妊娠してしまったと、母親であるその女性に相談が来たのだという。しかし、相談内容を持て余してしまい、やわやま先生に相談を持ちかけてきたわけだ。

「何一つ心配することはありませんよ。これが新しいきっかけとなり、すべてがうまくいきますよ」と先生は答えた。なぜそう答えたのかよくわからないが、天からそのように言うよう指示されたような気がするという。

それから数カ月後、忘れかけていたころに、その相談者である女性から報告の電話があった。

「亡くした末っ子が生まれ変わって誕生しました」と涙ながらに話してきたそうだ。

娘の産んだ子どもが、幼くして亡くなった3番目の子どもにそっくりなのだという。

生まれて間もない赤ちゃんなのだが、顔かたちはもちろん、仕草や泣き声までも、3番目の子供にそっくりらしい。お乳を欲しがるようすも、夜中にむずかる癖もまったく同じ。

「こんな不思議なことがあるんでしょうか、先生」と、クライアントはまた泣き出す。

「それは、あなたが呼んだんですよ。生まれ変わってくることをあなたが待ち望んでいたんですよ」とやわやま先生は電話口で答えたという。

このような例は人間でも見かけるが、ペットの方が多いらしい。ペットショップでふと見かけた仔犬が、2年前に亡くした犬とそっくりで、生まれ変わりに違いないと確信するようなことが多いようである。

「可愛がってもらったペットは、霊界に戻ってまた飼い主の元に戻ろうとするのですよ」とやわやま先生は教えてくれる。

■磁場・空間の浄化

磁場・空間の除霊浄霊はもちろん、不動産

の売買にも相談に乗っている。

引っ越しが済んでしまった人からの相談が多く、そうなると、残されている手段は浄化しかない。

地方の人からの相談も多い。磁場・空間の浄化の場合、多くのスピリチュアルの先生は現地での作業となるが、やわやま先生は遠隔地からテレパシーで対応する。

「家の写真や間取りの写真などを送ってもらうことでだいたいわかります。写真に霊が見えることもありますね」と語る。

新居に移ってから病気が重くなったとか、妙に疲れやすくなった。夫の事業がうまくいかなくなったなどのマイナスの症状が現れたら、磁場・空間の浄化が有力な解決策となる。浄化することで、これら霊障が徐々に消えていく。

引っ越し前の場合は、移転先の候補や購入予定のマンション・部屋・土地の写真を送ってもらう。訳あり物件を安く買ってから、浄霊を依頼されることもある。

「その部屋で不幸な事件があると、霊が残っている場合が多くあります。交通事故が多発する場所も霊が関係しています」とやわやま先生は指摘する。

■前世トラウマ解消・ご先祖浄化

トラウマに苦しめられている人も多い。

トラウマにはヒプノセラピー（催眠療法）が有効である。しかし、その原因が自分の記憶する以前、幼少期であったり、過去世のトラウマを抱えている場合は困難になる。他の星から転生して来た人が、前異星でのトラウマを抱えていることもある。

　肉体は親から授かるが、魂は過去生から引き継ぐ。過去生から引き継いだネガティブな記憶がトラウマとして発症するのである。

　本人の記憶にない原因でもやわやま先生は、トラウマに強いエネルギーを送って解消する。


　発達障害の男性に施術した時のことである。対人恐怖症で、他人が偉く見えて満足に話ができないのだという。自分を必要以上に卑下しているわけだ。

　8回の電話セラピーであったが、エネルギーをクライアントに送って、次第に人と話すことが苦手でなくなっていった。自分で会話内容をコントロールして話すことができるようになったのである。そして、周囲の人から気軽に話しかけられるようにもなった。


　先祖がその人に悪い影響を与えていることもある。その先祖を突き止めてエネルギーを送り浄化することで、クライアントに現れた悪影響を解消することもある。

　この場合は、クライアントに家系図を書いて送ってもらう。正確な人名はわからなくてもいい、わかっている系図で、その範囲にたいていの原因がある。

　成仏できていない祖先がいたり、墓の方位が悪い、満足に葬式をあげてもらえなかったなどの先祖がいる。霊界までテレパシーでエネルギーを送って、浄化するのである。

■当たり前の日々に「アリガトウ!」

コロナ禍で多くの人の行動が制限されてきた。ストレスが溜まったままの人が多くいる。

「これで当たり前の日々がどんなに貴重かわかった人が多いかと思われます。些細なことにも『ありがとうございます』の音魂にする心を大切にしなければなりません」と、やわやま先生は強調する。

コーヒー1杯にしても多くの人の〝おかげ〟で成り立っている。「豆を生産する人、運ぶ人、カップを作る人、水を供給する人、ガスを供給する人……。たった1杯のコーヒーでも驚くほど多くの方々の〝おかげ〟を得ているのである。これらの人々に「ありがとうございます」「いただかせてもらいます」と言えると、宇宙とのバランスと通気が良くなる。

1日無事に過ごせることが、どんなにありがたいか。存在しているだけでも、地球や太陽、水や空気のおかげさまだ。

「私たちは、神様の言うことをもっと聞かなければなりません。神社仏閣に行ってお願いばかりしていてはいけません。ありがとうと手を合わせるのです」(やわやま先生)

先生自身、クライアントから導かれるようにしてこの道を歩んできた。これも神様のおかげなのであり、導かれたことにお礼を言わなければならない。

「神様だって、自分のわがままや欲求をお願いする人よりも、導きに謙虚に従う人の方が可愛いに違いありません」と訴えるのである。

やわやま先生は遠隔地からの電話依頼が多い。どんなに遠方でも、距離を超える強力なテレパシーがあるからだ。

どんな角度の悩

みにも、24時間365日休みなく全力で対応してくれる先生である。

相談事があったら、迷わず電話してみていただきたい。

もちろん「FAX」「メール」「お手紙」でも受け付けているので、お好きな方法で連絡可能である。

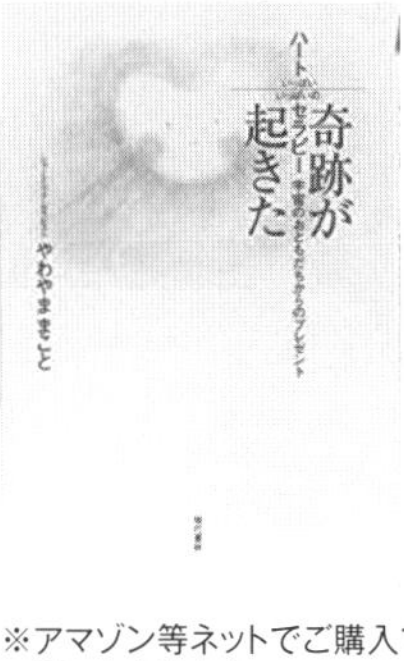

※アマゾン等ネットでご購入できない書籍は、発送料サービスでやわやま先生より直接お買い求めいただけます。

with コロナ時代を生き抜く新たな指針「スピリチュアルとリアルの融合」

(株) 高次元宇宙波動研究所東京オフィス

ハッピーラッキー
ミラクル大仙人《だいせんにん》先生

得意とする悩み解決の内容： 人生大開運、金運アップ、就職・起業、ブロック解除、自己実現、病気治癒

解決手法： メタトロン（波動調整セラピー機器）、セミナー、参拝ツアー、合宿、他多数

解決方法： 対面、電話、スカイプ、ZOOM、ビデオ受講、遠隔、公演、セミナー・ワークショップ

時　間： 平日９：00～20：00、土日祝　応相談（申し込みは24時間対応）

料　金： リッチ&ウェルシー投資塾　10000円／月１回、金運アップワークショップ　18000円／月１回、合宿　２泊３日　55500円　３泊４日　88800円、メタトロンセラピー　5500円（お試し）～33000円（フルコース）

住　所： 〒162-0801 東京都新宿区山吹町364 SYビル２階

連絡先： 090-2041-7921

サイトURL： http：//super-daisennin.com/profile/index.html

ブログURL： https：//blog.goo.ne.jp/amakawadaiji/c/7851117e91b539f30518cf6f39a0294a

これほどストレートに「お金儲け」の話をする先生を今まで見たことがない。株式の投資塾もやっているし、金運塾や開運塾もやっている。すでに億万長者の塾生が3人もいるほどだ。

「スピリチュアル＝心だけではいけません。また、リアル＝物質だけでもいけません。スピリチュアルとリアルの融合、これが私の使命なのです」と先生は訴える。

心と物質の両方が満たされることで、このwithコロナの時代を生き延びていくことができる。スピリチュアル＝心だけでは、経済的に打撃を受けている人を救い出すことはできない。リアル＝物質だけでは心が満たされない。スピリチュアルとリアルを融合し、偏ることなく両方を救済することで、人は真に豊かになることができるのである。

■ビジネスマンから転身

ハッピーラッキーミラクル大仙人先生（以下、大仙人先生）の提供する施術は実に幅広い。セミナー・講演、スピリチュアルカウンセリング・スピリチュアルワークなどのスピリチュアリストであり、マルチブロガー、作家として活躍しており、自らも「マルチタレント」と名乗っているほどだ。

これらの活動は既存の施術をそのまま継承しているわけではなく、存分に独創性を加味しており、オリジナルのものも多い。その中で本書では大仙人先生の主張する「スピリチュアルとリアルの融合」の特長が最も強く打ち出されている活動を紹介したい。

リアルとは物質のことであり、経済であり、お金のことである。これらは数値で説明できる。

なぜ、大仙人先生はリアルを説くことができるのか。これも大きな特長であるが、先生は30年にわたり、ビジネスの第一線でバリバリ活躍してきたからだ。

元は日本を代表する衣料メーカー勤務のビジネスマンであった。スピリチュアルは趣味にすぎなかった。

「人との出会いで人生が大きく変わってきました。私がこの道に入ったのも、さくら姫からの導きでした」と大仙人先生は語る。

さくら姫とは富士山の浅間神社で神々のメッセージを降ろしている霊能力者である。国内の霊能力者の頂点といってもいいほど、多くのスピリチュアリストから支持されている。それほど、並外れたパワーがある。

それまで趣味として行ってきたスピリチュアルなことを、さくら姫から職業として選択することを告げられ、大企業を退職した。これが6年前のことだ。

先生の名前もスーパー大仙人からスーパーミラクル大仙人、さらにはハッピーラッキーミラクル大仙人へと変遷し、これも神からのお告げである。ブログも書いているが、これも神から啓示で始めたものである。

■ルーマニアの占い師ルーシー

先生の言う「人との出会い」で興味深い話をひとつ。アメリカニューヨーク勤務の時、ルーマニアの占い師から極めて興味深い占断をされたのである。

同僚のユダヤ人から「マンハッタンに異様に当たるルーマニア人の占い師がいる」と聞いて、さっそく出かけてみたのである。

１９９０年のことだから、今から30年以上も前のことだ。この頃、世界は激動していた。前年にベルリンの壁が崩壊し東西冷戦が終焉を告げたのである。東欧ではソビエト連邦の支配が崩れ、ルーマニアでは流血革命が起きた。クーデターにより、当時のチャウシェスク大統領夫妻が処刑台に送られた。

チャウシェスク大統領は数人の占い師を抱えており、大統領処刑とともに占い師も祖国を追われた。

その占い師の一人が、美容院を経営する娘を頼って、ニューヨークマンハッタンに逃亡してきた。それがルーシー「異様に当たるルーマニア人の占い師」である。

「不吉なことを歯に衣を着せず口にする。そして、それが確実に当たる」と同僚のユダヤ人は教えてくれた。そんな先入観を持ってマンハッタンに足を入れたものだから、戦々恐々としていた。

教えられた美容院は、いたって普通であった。玄関先を掃除婦が掃除しているような、のんびりとした構えである。

入って案内を請う。

「ルーシー、お仕事よ」と美容師が大声で叫ぶ。すると、掃除婦が「はあい」と言って入ってきた。この人がルーシーであった。

しかし、この人がすごい。普通なら名前や生年月日を聞くところだが、相対していきなり大仙人先生に告げる。

「あんたはアメリカに来て良かった」

「はい？」

「日本にいたら大変な目にあっていました」

「と言いますと？」

「あんたの後ろに3人の女の影が見えている。それがまあ、とんでもないファイトを繰り返していますよ」と片頬を緩める。

先生はこれを聞いて冷や汗が出たという。

確かに独身時代に結婚を迫られた女性が複数いて、そのうちの1人と結婚したのが今の奥さんだと、笑って言う。あのまま日本にいたら、ルーシーが告げたようにとんでもない事態に発展していたかもしれない。

「これは当たると確信しましたね」と先生は振り返る。

いつも不吉なことばかり言うルーシーであるが、先生にはこんな吉報を告げた。

「あなたは大成功をします。パートナーを得て、事業を起こして、大きなサクセスストーリーを残すでしょう」と言われた。

これで先生は有頂天になった。

「あんまり喜んでしまって、そのパートナーとは誰なのか、成功するのはいつなのかを聞くのを忘れてしまいました。これは失敗でした」と先生は笑う。

ちなみにこの時、ルーシーから「あなたはリッチ&ウェルシー（Rich & Wealthy）をかかげなさい」とも言われた。

リッチ（Rich）とは物理的な豊かさであり、金持ちのこと。ウェルシー（Wealthy）は心の安心。まさに今大仙人先生が訴求している「スピリチュアルとリアルの融合」をルーシーから示されたのである。

■リッチ&ウェルシー投資塾

さて、株式投資塾である。

元ビジネスマンだけあって経済には十分に詳しい。これにかけては、スピリチュアルの世界では右に出る者がいないだろう。そのリアルな世界での経験とスピリチュアルな占いを融合したものが「リッチ&ウェルシー投資塾」だ。文字通り株への投資術を受講生に教えている。

スピリチュアルな分野で、株式投資の教えをしている先生を記者は他に知らない。

ともすればスピリチュアルな先生の多くはお金儲けを否定している。

「お金儲けと人殺し以外なら何でも引き受けます」という先生もいるほどだ。賭け事も同じである。占い師は賭け事に手を出すようなことはない。

「確かにサイコロの目は占いでは読めません。しかし投資は賭け事ではありません。ビジネスなのです」と大仙人先生は断言する。

先生も個人的には株式をやっていた。経済のトレンドをつかむには株式投資は有益である。それで儲けたこともあるし損をしたこともある。だがこれまで、株式投資に占いの手法を用いることを考えたことがなかった。

この考えを覆したのが岡山の占い師池山氏との出会いである。易で株の値動きを占う先生が岡山にいると聞いて、大仙人先生はすぐに会いにいった。

易とは占いの代表的な手法のひとつで、筮《ぜい》竹《ちく》を振って陰陽を六つ並べて吉凶を判断する。「誰でもできますよ」と池山氏は言ったらしい。筮竹でなくともいい、スマホで十分ということであった。

帰京してからスマホのアプリケーションでやってみたら、よく当たり、これは大きな発見となった。そして思った。「この池山氏と組むことで新しい投資手法を開発できるのではないか」と。

この新しい投資方法を教えているのが「リッチ&ウェルシー投資塾」なのである。

2020年8月から開講し、続々と受講者が増えている。

「確実に儲かります。月1回のセミナーで受講料は月1万円。投資額の3倍は皆さん儲かっています」と、先生には自信がある。

とはいえ、2020年夏ごろから日本の株式は異様に高騰している。これがこの先も続くとは思われない。

「そんなことはありません」と大仙人先生は否定する。

「確かにアメリカの株価はバブルに近いよう

スピリチュアルとリアルの融合した「投資塾」

な動きをしています。しかし、日本の株価は日本企業の底力を表しているのです。９月まではは上がります。大丈夫です」と余裕を見せるのである。

手順としては、成長のポテンシャルを持った企業を大仙人先生が抽出する。

「これがビジネスマンならではのデータ分析能力です」（大仙人先生）

後はいつ上がるか、どのような波形で上がるか。それを易で見つける。まさにスピリチュアルとリアルの融合だ。

実際この塾ではＴＯＢ（Take Over Bid＝株式公開買い付け）の銘柄をいくつも見出している。ＴＯＢとは、「期間」「株数」「価格」をあらかじめ示して上場企業の株式を買い取ることである。ほとんどは市場価格の倍近い価格を示すことから、この情報をいち早く知っていると、大きな利益を簡単に得ることが可能となる。

「TOBは上場3800社中、年に数十社程度で、けっこう珍しい。しかし、これを当てることができれば、確実に儲かります」（大仙人先生）

もっとも、占いに欲は禁物である。池山氏が当たるのは欲を持っていないからだ。普通の人にはそれができない。大儲けをしようという欲を持って占うと、たいていは外れる。これもあって、大仙人先生は池山氏と組んで、買い時や売り時を占ってもらっている。

■狙いはエネルギー分野

投資塾で資料として使っている株価の一覧を見せてもらうと、企業名が並び、その横に0点から100点まで採点してある。100点は間違いなく上昇する。見ると90点ぐらいの企業がけっこうある。

さらにその企業の株価の波形が記されている。その底値で買って、天井で売り抜けると大儲けできるわけである。

分野として先生の狙っているのがエネルギー分野だという。

電力は水力から火力そして原子力へと進化してきたが、その先が見えない。エネルギーは石炭から石油や天然ガス、そしてこの先は再生可能エネルギーが叫ばれているが、どれになるか決め手に欠けている。

「これからは水素です」と大仙人先生は断言する。

水素は燃えても、水ができるだけであるから、環境にいいことは間違いがない。

だが、いくつか課題を抱えており、そのひとつが生産方法だ。水を電気分解することで水素を取り出すことができるが、その電気はどこから持ってくるかが問題となる。

石油や天然ガスから作り出すことはできるが、これでは化石燃料に頼っていた時代と変わるところがない。

「私の狙っている会社のひとつが、水から水素を作り出す溶媒を開発しました。溶媒さえあれば無限に水素を作り続けることができます」と大仙人先生は語る。

「未公開株ですが、その会社の株を私は買い続けています。株が公開されれば1兆円にはなるでしょう」と意味深に笑う。

途方もない話が続く。

大仙人先生の話を聞いて、これまで取材した多くのスピリチュアルの先生方とのあまりの違いに、記者はカルチャーショックを受けてしまった。

確かにハッピーでラッキーで、ミラクルかもしれない。

■金運アップワークショップ

大仙人先生が提供しているスピリチュアル

とリアルの融合において、もうひとつ代表的なものに「金運塾」がある。先生はこれを「スーパーリアル金運塾」と名付け、月に1回開催している。

この金運塾で最初に行うのがお金に対するマインドブロックの解除である（マネー・ブロック・バスター）

ほとんどの人がお金に対して罪悪感や嫌悪感を持っている。たとえ表立って感じていなくても、潜在意識の中に抱えている。

「日本人のほぼ100％がそうでしょう。商売繁盛と初詣へ出かけて金運アップを願っているのに、日本人の心の奥底にはお金に対する嫌悪感があるのです」と大仙人先生は語る。

この罪悪感や嫌悪感がある限り、大金を手にすることは困難だ。

お金のブロックが外れ豊かさへと変わる「スーパーリアル金運塾」

そこで先生は塾生に対してお金に関する関心事を確認する。1枚の紙に10項目ほどのお金に関する要望を書いてもらい、この時お金をどう思っているかをつかめるような質問も用意している。

これによりお金に対するマイナスなマインドを把握し、それを解除していくのだ。

なぜマネー・ブロック・バスターで金運がアップするのか。ここに大仙人先生の「量子力学と脳機能学の融合」がある。

量子力学では、物質を極限まで分解していくとエネルギー、いわゆる波動になってしまうことを証明している。物質は分解すると分子になり、原子になり、さらにエネルギーと電子になり最終的には波動になる。

波動に形はない。だが、私たちの周りはすべて物質でできている。なぜ、波動が物質に変わるのか。

それが人間の持つ「認識」なのである。人間が認識することで、波動が物質の形に変わる。これが脳機能学である。

例えばここに水がある。しかしその水は単なる波動に過ぎない。ぼんやり波打っているだけなのである。

この水を水にするのは、人間の脳であり臨場感を持った認識である。波動は人間の、水であるという認識のもとで初めて存在が成立する。

人間誰しも家があり、サラリーマンにはオフィスがある。しかし、家もオフィスも、人間が離れてしまうと元のぼんやりとした波動に戻ってしまう。「でも実際に家もオフィスもあるではないか」と人は主張するだろう。その確たる認識で見るから波動が形になるのである。

すべては波動なのである。それを物質にして形を与えるのは人間の認識である。人間がぼーっとしているとすぐに物は元の波動に戻ってしまう。これでは存在しないと一緒である。

「一概に信じられないかもしれませんが、これはすでに証明されている事実なのです」と大仙人先生は自信を見せる。

お金もこれと同じである。

「お金を欲しい」と思うことで、お金は生まれてくる。「尊い」と思うことでその価値を発揮する。

単純と言えば単純だ。真理は常にこうしたものかもしれない。

「いやだ、見たくない」と思うから存在しない。「卑しい」と思うから価値を発揮しない。

日本人が物質的に豊かになれない理由のひとつに、お金を不潔と考える文化がある。これがマインドブロックであり、これを壊すことでお金が集まる。

これが引き寄せの法則である。

「アメリカ人はこの引き寄せの法則が上手なんですね。だからあれだけ豊かになることができました。日本人はここが決定的に遅れています」（大仙人先生）

単純であるが、単純だからこそ応用が利く。

恋人がいないのは、いないと思うからである。異性や恋愛を恐れるから、恋人がいつまでも現れない。

「目に見えるものは、いかようにでもなります。大切なことは、目に見えるものがすべてではないということ。人間の心の持ちようで現実世界はどのようにでも変えていくことができるのです」と大仙人先生は主張する。

幸せも同じだ。誰もが幸せを欲しいと思う。スピリチュアルの世界では、幸せの感情を瞑想によって得られるとするが、その理由を誰も説明できなかった。

「幸せの波動に人が共鳴することで、幸せを感じることができるのです」と大仙人先生は説明するのである。

■『四次元パーラーアンデルセン』

目の前に見える現象がいかに不確かなものか。これを証明するために、大仙人先生は塾生を『四次元パーラーアンデルセン』に連れて行って、マスターの超能力ショーを見せる。

『四次元パーラーアンデルセン』とは、長崎ハウステンボスの近くにある小さな喫茶店のことである。ここのマスターが超能力か宇宙人かと思わせるようなショーを次々と披露するのである。

「なかなか予約が取れません。2カ月前から予約の電話するのですが、数十分はつながりません」(大仙人先生)

例えばマスターは初めて来た人の名前を当

てる。目と目が合うとそのお客さんに向かって「あなたの名前はめぐみちゃんですね」と話しかける。生年月日もわかる。

「私の場合は紙に描いた絵を当てられて、驚きました」と大仙人先生は語る。

マスターは先生に紙片を渡して何か絵を描いてくださいと伝え、それを書いたら紙をテーブルに伏せる。

「あなたが書いたものはこれですね」と、マスターは封筒に入っている紙を取り出してみせる。これがほとんど同じだ。

「これは私が今朝描いたものです。あなたがこう描くだろうとわかっていたのです」とマスターは微笑む。

「わけがわかりません。私が描いた後にマスターが描いたなら何か手がかりがあるかもし

大盛況の塾生とのツアー

れません。しかし、今朝描いたというのですから……」（大仙人先生）

お客さんから借りたコインがお札をすり抜ける、そのコインをペットボトルに瞬時に入れたり、出したりする。そんな人間業とは思えないようなワザを次々に見せられる。

このショーを先生は「今まで持っていた常識が通じないことがあるということを伝えたい」一心で塾生を連れてツアーを組んでいるのである。

このショーを見ると今までの固定観念が崩れる。

「貧乏から抜け出せないでいるというのは、自分の観念に囚われているからです。我々は刷り込みや教育による固定観念を抱えており、これから解放されることで、お金持ちになることができるのです」と先生は訴えるのである。

ここで、金運塾で億万長者になった3人の事例を紹介しよう。

一人は銀座で漢方薬を売っている女性。先生の塾に通いだしてから店がたちまち繁盛して年収が1億円を超えたという。

次は、世田谷の歯科医師。父親から歯科医院を受け継いで細々と経営していたが、先生の金運塾に通うようになって保険適用外治療が増えて、収入がいきなりアップした。

3人目はシリコンバレーで開業しているビジネスコンサルタント。優良な顧客がついてその契約金が1億円であった……。

このように、固定概念を外すことで、お金を得ることは可能なのである。

■メタトロンセラピー

メタトロンとはロシアで開発された波動調整セラピー機器のことである。最後にこのセラピーを簡単に紹介したい。

全身800カ所の波動を測定し、身体各所の不調和部分を調和させるセラピーである。

「波動測定で自分の病理診断で、ズバリ当てられたことに驚きました」「お試しで受けましたが、こんなに早く全身測定できるんですね。自分に合う、合わないの食品がわかるのもありがたい」「医者から手術をすすめられて、不安になり、先生のメタトロンを申し込みました。波動測定では、心配することはないと言われて、安心しました」などの声が寄せられている。これを同行した編集者が受けることになった。

センサーとPCソフトウェアがセットになった製品である。その黒い小さなセンサー一対を頭に乗せる。そこが松果体で、全身の波動が集まる場所である。集まった波動をPCモニター上にビジュアルに再現するようになっている。

編集者がセンサーを頭に乗せると脳みそから鼻腔、口蓋、首、脊椎、肺、腹部の内臓へと映像が映し出される。それがフルカラーで不気味なほど鮮やかだ。

ここで編集者は「十二指腸が良くない」とか「胃がストレスにさらされている」などの

指摘を受けていた。また「脂質を避けるよう、カルシウムを採るよう」などアドバイスされてしきりに頷いていた。

いろいろな番組に呼ばれて講義をする先生

このセラピーの評判はとても良く、依頼されて日本各地で出張セラピーを展開している。

大仙人先生の話す内容は、いずれも耳を疑うようなことばかりである。持っていた常識が覆される。しかし、これらは事実であり、実証もされている。

先生は有楽町線江戸川橋駅から歩いて数分のところに事務所を構えており、各種セミナーやワークショップもここで開催している。もちろんＺＯＯＭで受講することもできる。お試しコースを設けているセラピーサービスもある。

これらを利用して、ハッピーでラッキーでミラクルな体験をしてみてはいかがだろうか。

宇宙一の幸運の種を蒔く
人生百年時代「生涯青春」の花を
咲かせましょう!

星川《ほしかわ》☆としこ先生

得意とする悩み解決の内容：受験、就職・転職、天職、心と体の病気平癒（末期ガン以外はほぼすべて）、若返り・美顔、商売繁盛、恋愛・結婚その他人生全般の開運・金運・願望成就

解決手法：若返り気功、リフレッシュ気功、気功整体、気功マッサージ、願望達成気功、浄化、カウンセリング、呼吸法

解決方法：対面、遠隔（電話）、お教室

時　　間：本文内数室一覧参照

料　　金：4500円／4回／月（初回無料・入会金1100円）　6500円／月8回　8500円／月12回、家・会社・事務所の運気向上およびカウンセリング　会員のみ2200円+交通費

住　　所：最終ページ数室一覧参照

連 絡 先：電話　046-731-0609（18・30～21.30）
080-5034-7275　※SMSショートメッセージでも受け付けます。
※直接参加可能

U R L：https://www.hoshikawa-kikou.com/
YouTubeチャンネル『星川としこキラキラワールド』毎週土曜日公開
※幸せに生きる秘訣をお送りしています。
https://www.youtube.com/channel/UCskapZb5vxLswT2FWxJCAOQ

「人生百年時代」と呼ばれるようになってきた。瞬く間に日本は長寿国となり、第一線でいるときよりも、退いた老後の方が長い人さえいる。

そんな長い老後をどうすればいいのか。

第一線からリタイアした人、子どもが巣立ちなんとなくさみしい人に「いつまでも現役でいること。永遠の若さを手に入れましょう！　いくつになっても青春です」と訴えるのが星川☆としこ先生だ。

「もう年だから」という考え方で、これまでの感覚で年齢を受け入れてしまうと、たちまち老けていくばかり。〇〇歳だからという社会通念は不要であり、自分の年齢は自分で作ってしまえばいいのです。何歳になっても結婚適齢期です」

今は多様性の時代、やりたいことはみんな異なる。恋も結婚も、新たな天職も。それらを見つけて、思い切り人生をエンジョイしていくことができる時代である。

独身を通してきた人もすてきなパートナーとともに楽しく生きるのも、自分年齢で心身ともに自由な発想で生きていけば出会うこともできると先生は呼びかける。

■永遠の若さ

本当に先生は若い。会うたびに若返る。そしていつまでも元気だ。

例えば「星川としこキラキラワールド」というYouTubeを見ていただきたい。何の演出なしに、底抜けに明るい。この明るさもエネルギーも確実に伝染するのである。

毎週土曜日にYouTubeで発信している番組は『若返りスイッチON！』『龍に乗った話』『面接の達人』『気功で天才子育て』『李記星先生の気功Ⅰ〜Ⅲ』『カウンセリングして同情されてしまった私』『金運アップしちゃいましょう！』と、内容も多岐にわたっている。パワーがほしいとき、元気が出ないときなどぜひ見ていただきたい。

とにかく年齢不詳である。いつも少女のようで年がわからない。

「150歳で39歳の若さを目指しているの。楽しく長生きするためには若さも大切」と屈託なく笑う。

「でもね、すごい人がいるの」と資料を見せる。そこには文献上256歳に達したというニューヨーク・タイムズの記事と写真がある。

当時の中国政府が記録を認めているかというが、話半分でも128歳だ。漢方の薬剤師のようである。つまり本当の話なのである。

先生のそばにいると、元気になり、運気も上昇する。特に何もする必要はない。ただ、そばにいるだけでエネルギーも運も伝染してくるのだ。

先生の気の若さで、こちらも若返ってしまうのかも知れない。

先生の周りに集まる方もまったく年齢を感じさせない。普通ならばリタイアしてしまうお年なのに、恋愛したり、結婚したりする人もいるという。

「決して老いらくの恋なんかではありません。永遠の若さ、色あせることのない青春なのです」

■湘南の海

湘南の先生の自宅は七里ヶ浜の緩やかな斜面に面した瀟洒な邸宅である。

2階の窓から海が見える。その部屋からベランダに出て、さらに階段を上がって屋上に出ることができる。屋上の真ん前には湘南の海が広がっている。すぐに江ノ島があって、手前にはサーファーが散らばっている。奥には烏帽子岩《えぼしいわ》。さらにその上に遠く富士山が霞んで見える。

絵ハガキのような所に住んでいるのだ。

この邸宅の土地は父親が買ってくれたものだという。

「小学校の時遠足で湘南に来て、ステキなところだと思っていたら、大学時代にまさにその場所の土地を父が買ってくれたの」と笑顔を見せる。

思っていた場所を、手に入れてしまったのである。すでにその頃から先生のイメージによる力は発揮されていたようだ。

「私は太陽になる。この世の中がどんなに暗くても辛くても、私は太陽になる。太陽になって周りの人を明るく輝かすと小学5年生のとき、立山でのご来光を見たときに心のなかで声が響いたの」と言う。

しかし、その父親が建物のローンを残した

まま他界してしまう。ところが、その家のローンも母親のことを好きだった遠い親戚の人の遺産が突然入ってきてきれいに支払うことができた。

「欲しいと思えば何でも手に入るんですよ。なんでも前向きにすべてを楽しむこと」と笑顔で語る。

確かに、星川先生に会うと悩んでいたことがちっぽけに思える。予期しない大金が転がり込む。就職や受験に成功する。お見舞いに行くと病人が元気になってしまう。認知症の人が先生に会うとしっかりとしてくる。

こんな事例は紹介しきれないほど多い。

子どもがクラスの人気者になったり、楽しい子育てができるようになったり、勉強を進んでやるようになったり、うれしい報告が目白押しである。

人生100年時代、自分に合った多様な生き方を謳歌《おうか》して欲しい。趣味に没頭するのもいいし、新たに起業するのもいい。もちろん、恋愛も結婚だって臆することなく挑戦して欲しい。

「でもね、一言で恋というけれど、それなりにエネルギーが必要です。さらに、結婚となるとそれ以上のエネルギーがかかります。結婚となると本人同士だけではなく、家族も関わってきます。ですから形にこだわることなくワクワクする気持ちを味わい楽しみましょう。若さを保つ秘訣にもなります」（星川先生）

■季記星（り・ちしん）師との出会い

人生にエネルギーを供給してくれるのが、先生の「気功」である。

「宇宙の気を体内に循環させ無限エネルギーにしてしまいましょう」

気を練る

星川先生が人知を超えた力あるいはスピリチュアルな世界に目覚めたのは、西野式呼吸法との出会いからであった。

西野式呼吸法とは、西野皓三氏が開発した健康法で日本国内のみならず、世界的に知られている。西野流呼吸法による生命エネルギー（気）を科学で実証するため、国内外の大学、研究機関と共同研究を行っている。呼吸法としては最も有名ではないか。女優の由美かおるさんや岸ユキさんが実践していることでも知られている。

「通い出すようになって、気が読めるようになりました。運が良い悪いも、気に表れます。それを見て当てることができるようになりました」と、先生は語る。

その後、星川先生の人生に大きな影響を与

えたのが、世界的な気功師季紀星（り・ちしん）先生だ。1956年生まれの先生は、中国広東省富臨杯中華気功選抜大会でチャンピオンを獲得。中国気功科学研究会のライセンスを取得し、日本での気功師認定証を発行する権利を一任されているほどの第一人者である。科学技術庁のプロジェクトにも気功師として参加しているである。

天性の才能もあってだろう、星川先生は瞬く間に上達した。李先生からも気に入られ「私の後継者、一番弟子です」とまで言われるようになった。習う前から、手紙に「手伝ってください」と書かれていたというエピソードもある。年賀状に「私の気功を世界に広めてください」と書かれたり、「私は気功を創る人、あなたは広める人」と言われていたそうだ。

テレビ番組でも季先生の弟子として一緒に出演したことがある。

季先生から言われたことでもあり、頼まれれば喜んで、気功を教えるようになった。最初は生徒の自宅で教えていたが、人数が多くなったので、教室形式にした。これを先生は「お教室」と呼ぶ。今では4カ所の教室を持つようになっている。振替制度があり、月内どこのお教室も連絡せずにいくことができる。遅刻、早退もお構いなし。

月4回から開催しているが、月に8回、12回来る人や、家族や友達同士で通う人もいる。

■気功マッサージ

星川先生の施術の中で、大きな特徴となっ

ているのが気功マッサージだ。文字どおり気功とマッサージを一体化した施術であるが、気功マッサージを提供する先生は意外に少ない。

気功は患者の手に触れることはない。目に見えない気の力で患者にエネルギーを与える。マッサージは物理的な力で筋肉のコリや緊張をほぐしたり、血行を改善したりする。

この二つのメリットを一時に叶えてくれるのが気功マッサージなのである。

記者はかなりの数の気功師を取材してきたが、気功マッサージを提供してくれる先生はこの星川先生だけである。

記者も気功マッサージをしていただいた。途中で、あまりの心地よさに眠くなってしまう。終わってからも、しばらくはぼーっとして、パワーアップしているのを実感した。

この貴重な気功マッサージを星川先生はお教室の参加者全員に施しているそうである。

「確かに時間も限られていますが、必ずやる

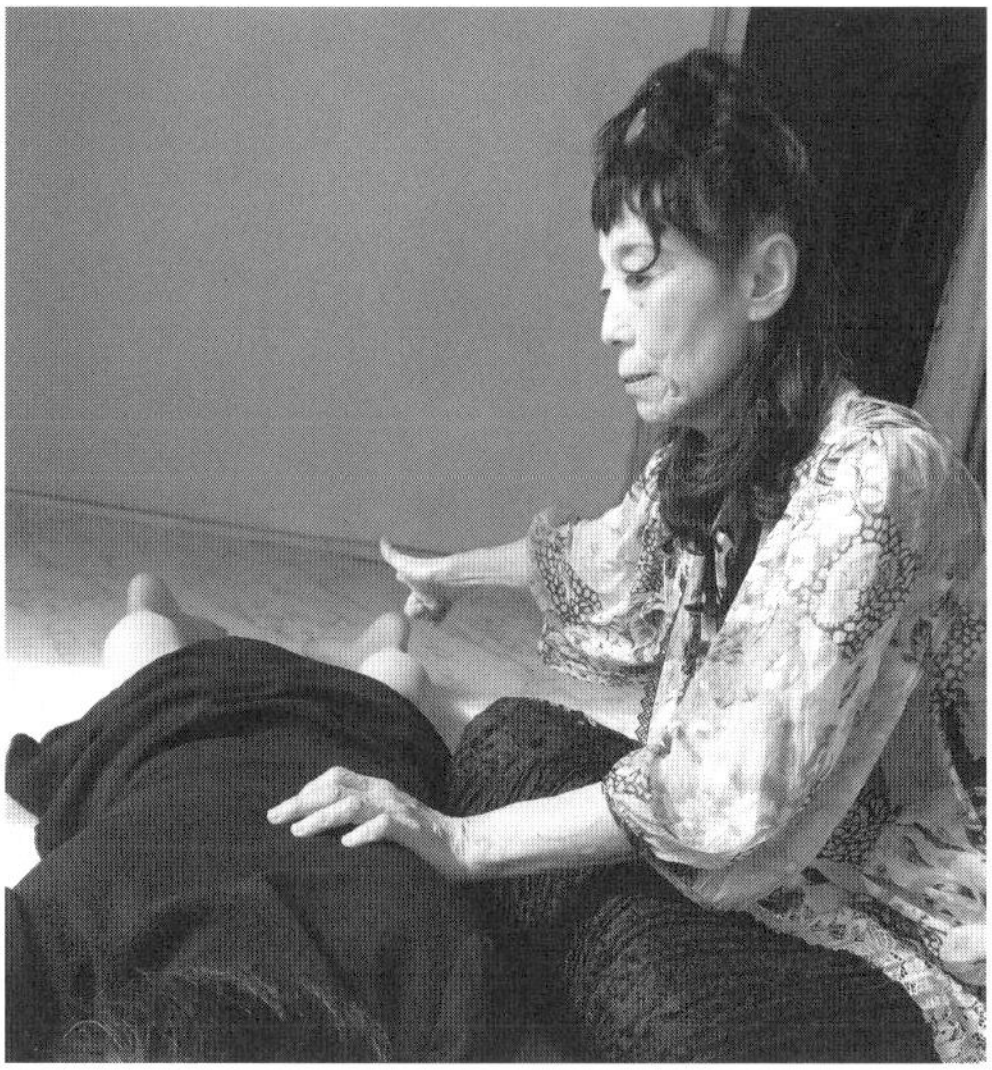

身体からの声を聴いて気を流す

ようにしています」ということだ。

これで月謝4500円なのであるから人気がでるのもうなずける。

さらにユニークなのは、そのおまけの効果だ。「乳ガン予防で胸をさする指導をしたら、70代後半の女性がバストアップしてしまったんです。おっぱいは垂れ下がらないし、大きくなるし……人の体っておもしろいですね」と笑う。


同行した編集者も気功マッサージを受けた。マッサージしながら、体中を確認する。そして「あんまり細かなことを気にしなくいいですよ」などをアドバイスされていた。思い当たることが多いようだ。

「でも、この前会ったときより若返っています。たいへんいい傾向です」などと誉めることも忘れない。

■集合意識で願望実現

星川先生が「お教室」の形式で、みんなで集まって願望実現をやることには理由がある。

「ひとり一人が望みを言って、みんなでイメージする。みんなでイメージすることで、パワーが倍増するんです。一人でもいいのですが、みんなでイメージすることでとても大きな力になります。望みも全て叶うのです」と強調する。

イメージの仕方にもコツがある。

「現在進行形で行うこと。または、過去形でイメージすることです」

既存の事実としてイメージすることで、ひとり一人の願いが叶えられる。夢も叶えられるそうだ。

日本の社会がすばらしくなることもみんなでイメージする。例えば次のような具合だ。

まずは新型コロナ。

「コロナ騒動も無事終結して、日本中の人が世界中の人が、愛の大切さ、普通であることのありがたさを心から実感し、素晴らしい社会になりました！

日本中の人が、世界中の人が健康の大切さと平和でありがたみを心から実感し、楽しい毎日を送っています」という具合だ。

そして先生が最も訴えたいことが、愛のエネルギーだ。

「愛のエネルギー、感謝のエネルギー、光のエネルギーに満ち溢れて日本中、世界中、宇宙をキラキラキラワールドにしていきましょう」と言い続けている。

運気を上げるには次のようにイメージする。「気（エネルギー）がいっぱいになって、キラキラ輝いて楽しそうになると、運気もどんどん上昇して行きます。いつもいつも楽しそうになると、知らない人までが感動するほど、やさしくなります。郵便局へ行っても銀行へ行ってもお店に入っても、みんながやさしいのです。世の中、やさしい人ばかり……と思えてきます。そうして、自分が運気を上げ、幸せになったら、会う人会う人を幸せにして欲しいのです。そうすれば益々自分が幸せになって、運気もどんどんどんどん上昇していきます……」

「愛」「結婚」はもちろん「若さ」「健康」「幸運」「金運」「奇跡」など誰もが望むことを、みんなでイメージする。これで願いが叶う。

■幸せの花の種をまく

「物事を実現するには強くイメージすることと。強くイメージすることで、それが形になって実現します」と星川先生は度々口にする。

この願望実現の方法は単なる「引き寄せの術」を超えていると記者は感じる。星川先生は量子力学という言葉を使う。

「引き寄せの術」というのは願望実現の代表的な手法で、強く念じることで願いが叶えられるとしている。「引き寄せの術」は、ハッピーなことを口にして、幸せを呼び寄せる。2006年に「ザ・シークレット」という映画と書籍が世界的な流行となった。スピリチュアルの世界でも多くの先生が取り上げ、講習会を開いたりした。

その引き寄せの原理を「波動」から説明するケースが多かった。幸せな波動を持つと、幸せに共鳴して実際に幸せになるということである。

ところが、星川先生はこれを量子力学の面から解説する。

量子力学とはものの存在を、分子や原子、あるいはそれを構成する電子など、微視的《びしてき》な物理現象などから解説する力学である。

物質は突き詰めていくと、分子になり原子

になり最終的には素粒子となり、それはエネルギーの波動に変わる。

要はエネルギーがすべての存在の根源なのである。

「私が強いイメージによって、エネルギーを発すると、それが素粒子となります。素粒子は万物の源です。私は素粒子という幸せの種をまいているのです」と先生は主張するのである。

先生は「強いイメージを持ちなさい」と強調する。イメージはエネルギーとなり、素粒子に変わって、原子になり分子になる。そうして物質になる。我々の目の前に見えているのは物質だが、元を正せばエネルギーにすぎない。そして先生はこのエネルギーを生む力を途方もなく持っているのである。

幸せを引き寄せるのではない。幸せの種となる素粒子を生み出して、幸せをばらまいているのである。

「引き寄せの術」に近いようにも見えるがやや違う。先生は引き寄せるのではない。作り

感謝のエネルギーを毎朝送る

上げてしまうのだ。

幸せを引き寄せることではなく、作り上げてしまう。これが先生の流儀だ。

では、そのエネルギーをどうやって手にすることができるのだろう。その秘密が気功にありそうだ。

「私の気功は、宇宙一幸せになるための気功なのです。気功をすることで、エネルギーをパワーアップすることができます」と断言する。

パワースポットとなる仏閣を参拝したり、観光名所をまわるツアーを企画する先生は多い。また、「気を注入する」といって、手をかざしてくれる気功の先生も多い。

だが、星川先生は違う。自らがキラキラのパワースポットとなって、エネルギーを生み出す力を与えてくれるのである。これは、とてもありがたいことである。

気功をすることでお姑さんと仲良くなり、家の新築資金の援助および、お子さんの学費の援助もいただけた方もある。

夫の商売が急激に繁盛し出したというような事例も多い。

毎年、お教室に通ってくる方のお子さんの受験、就職、また本人の就職も応援して合格へと導いている。

先生のお教室に通う人たちが一様に運気があがるのは、作り上げているからなのだ。

■天職

星川先生のところには、多くの方から就職

や転職の相談が来る。先生自身も天職を得ることを、人生の中で最も大切なことの一つとして推奨している。もちろん、先生の最も得意とする相談事である。

「求められて自分の能力を発揮することは、生きている上で最上の喜びです」と力説するのである。

「子どもが、職につけるのは親の義務でもあります。アメリカ、ヨーロッパなどの先を見通せる親は、子どもに財産を残しません。天職を残すのです」と言う。

下手に財産があると、子どもは親の残した土地や金銭に甘えてしまう。これで身を持ち崩した人がどれほど多いことか。子どもが複数いると、遺産争いになってしまう。そのマイナスのエネルギーたるや、目も当てられないほどである。

だから、開眼している人たちは、残った財産を寄附してしまう。もめ事につながりそうな財産を、きれいに手放してしまうのである。

星川先生はカウンセリングの資格を持っている。それもあって、就職や転職の相談も多いが、それをすべて成功させてきている。

反対に、今まで否定した職場を見直して、移らなかった人もいる。

「私自身が面接の達人だったので、その方法を教えているのです」

その方法とは、エネルギーは素粒子になり、原子になり分子になり、本人周囲に物質として現れてくるということである。

「以前ＮＨＫに就職した方がいましたけど、面接の達人になる方法を教えました。〝面接を楽しむ〟ということもポイントなのです」

■登校拒否

お母さん方からの登校拒否の相談もある。

「好きなことをさせることですよ」と先生は、屈託なく返す。

「そういうものですか」と聞き返すと、

「そうです。のびのびと育てればいいんです」

と、笑う。

実際親御さんの方が登校拒否を大げさに考えている場合も多い。気がつかないのは良くないが、気にしすぎるのはもっとよくない。

親がマイナスエネルギーを持ってしまうと、たちまち子どものエネルギーがスポイルされる。

「ほとんどの登校拒否児童はエネルギーが不足しています。親御さんが私のお教室にきてパワーがいっぱいになると親を通して、子どもにエネルギーが入っていくのです。後は好きなことをさせてください」ということだ。

登校拒否になるような子どもは、普通の人には真似のできない、とんでもない能力に恵まれていることもある。それは美術であったり、音楽であったり、プログラミングであるかもしれない。そんな類い希なる能力を見つけて、惜しみなく伸ばすことが重要だ。とにかく生き生きと好きなことをさせる。そして、家での生活も楽しいものにすること。そうすれば元気になって、学校に行くようになる。

■お教室の紹介

星川先生のお教室は次の4カ所で開催している。住所と連絡先を紹介したい。

その月の振替はどのお教室でも可能となっている。

●鎌倉教室（由比ヶ浜接骨院2F）

神奈川県鎌倉市小町1－14－21（JR鎌倉駅から徒歩8分、鎌倉野菜市場とローソンの間を左折。すぐ右側2F）

Tel：0467－25－6491

火：10：00～12：00

金：10：00～12：00

入会金：1100円

月謝：4500円（月4回・祝日有り・5週目休み）

6500円（月8回）、8500円（月12回）もあります。

●長谷教室（御霊神社内 星月会館2F和室）

神奈川県鎌倉市坂ノ下3－17（江ノ電長谷駅から徒歩5分）

Tel：0467－22－3251

木：13：00～15：00

入会金：1100円

月謝：4500円（月4回・祝日有り・5週目休み）

6500円（月8回）、8500円（月12回）もあります。

●広町（里山教室）

これは建物ではない。屋外、茅ケ崎里山公園で開催している。腰越学習センター近くのレストランで気の話をした後、公園で気功を実践する。荒天時の時は、レストランでイメージ治療気功、集合意識の話となる。

最寄り駅は湘南モノレール西鎌倉駅または江ノ電腰越駅。

気功教室
日：第1週11：00～14：30
12：30～14：30 広町（里山公園）にて気功
入会金：1100円
1回2200円
※振替としても使えます。

●湘南アカデミア
藤沢市鵠沼石上1－1－1 江ノ電第2ビル4階
Tel：0466－26－3028
火：第2、第4週13：30～15：30

　通っている生徒さんからこんな声が寄せられている。

「気功はすべてにおいて私には必要です。何しろすべて願い事が叶ってしまうのですから。本当に、星川先生のそばにいると、すべてが叶います。スゴくないですか！」

「気功は八次元の世界と星川先生から教わりました。心体のお手入れをして、パワーを全開にしていきます。

　人間は大きな磁石と言われました。欲しいものは何でも手に入ります。

　願望達成気功で脳に夢をインプットして、すべての夢を叶えていきます。楽しみでしょうがありません」
「お教室ではいろいろなことを教わります。星川先生はこんなことをよく口にします。病気は「気」が滞っているから病気。通せば治る。そして、気の元がしっかりしているのが元気。身に染みてこれを理解しています。「気」を通すことで、元気になることができます。病気は、「気を病む」とも読めるように、痛いところ、悪いところを気にしてしまいます。気にすることによって、なおさら治りが悪くなるようです」

最後になるが、星川先生が東京と横浜での開講を本格化していることをお知らせしたい。「星川☆としこのハッピーラッキー講座～打ち出の小筒・魔法のランプを使おう！」をスタートさせますと、先生は目を輝かせる。

30代から老後を充実させたい人を、若返らせて、そのときにシングルの人には、恋も実らせ、また、天職につかせる方法も伝授するそうだ。

ぜひ「星川としこ」でチェックしていただきたい。

「若さ」「健康」「幸運」「金運」をゲットする方法。自分の手を魔法の手にする方法。さらには、場の浄化、家の浄化、自己治癒気功、他者治癒気功、電話遠隔治療気功、イメージによる治療気功までも学べる教室である。

「お教室の楽しい仲間と共に、一緒に宇宙一幸せになりましょう」と先生は呼びかけている。

「心の病」を癒せるのは「心」だけ!
一緒に歩みましょう
うつ病だった私が寄り添います

うつ病歴 22 年、うつぬけ成功!!

小《こ》林《ばやし》亜《あ》紀《き》子《こ》先生

得意とする相談内容：心の病、うつ病、不眠、不安、孤独、焦燥緊張、食欲不振
摂食障害、恋愛、人間関係、その他人生一般
解決手法：カウンセリング
解決方法：電話、オンライン（zoom）、LINE、メール
時　　間：応相談
料　　金：初回45分／6000円
2回目以降　30分／5000円
60分／8000円
住　　所：群馬県
電話・Zoom：（サイトからお申し込みください）
サイトURL：https://ameblo.jp/akiko0323joel0710/

「心の病」が社会問題となっている。心の辛さを訴える人が増え、痛ましい事件が多発している。

そんな方々に手を差し伸べようとしているのが、小林亜紀子さんだ。自分も22年間ものの間のうつ病を経験し、それを克服し断薬にも成功した。

心の病の存在がやっと認められるようになり、治療方法や対処方法が確立しつつあるらしい。

そんな中、小林さんの対処は実にシンプルだ。寄り添い、話し相手になること。小林さん自身もこれで快癒した。この手法を心の病で苦しんでいる多くの方々に提供しようというのである。

■22年間のうつ病の経験

物静かな人である。控えめで口数も少なく、いっさい自己主張しようとはしない。

これで本当に大丈夫なのだろうか？　と、記者はよけいな心配をしてしまいそうになる。

スピリチュアルの世界は、個性的な先生方であふれている。それぞれに強烈なインパクトを持ち、それぞれの存在と能力をアピールしている。きちんと自分を主張する世界だ。

私はこんな風にあなたを導きます。そして変わっていっていただきます！　と強く訴え相談者の方へアプローチしている。そんな中で、こんなにおとなしい先生でいいのだろうかと考えてしまうのである。

ところが、小林さんには毅然とした自信と

強さが備わっている。言葉を大切にするから、しゃべり方も静かで柔らかい。人をやさしく包んでくれる温かさがある。この人にならついて行けると確信できる、そんな親しみやすさと信頼感を覚える先生だ。

実際に、22年間のうつ病経験を経て今日があるのだ。やっかいなうつ病を自分の力で克服した人なのである。今では薬を完全に断ち、生き返ったような毎日を送っている。

肉体を冒す病気には、化学的な治療が有効であり、この分野で圧倒しているのが西洋医学だ。

しかし、心の病はどうだろうか。心の病には、化学的な医薬品だけに効果を期待できるのだろうか。

ここに小林さんのような「心」で接してくれるカウンセラーが必要となるのではないか。心の病を癒せるのは「心」。その温かな心を持っているのが小林さんなのだ。

小林さんは自分の経験と回復の際に培ったノウハウで、あなたの心の病を請け負ってくれるのである。

■心の病の時代

うつ病、適応障害、引きこもり、HSP（ハイリー・センシティブ・パーソン）、登校拒否、アルコール依存症……。さまざまな心の病がメディアを賑わせている。心の病が認知されるようになったともいえるし、社会の闇が深くなったともいえる。

現代人は、体の病と同じレベルで、心の病に冒されるようになった。

記憶に新しいところでは大手広告代理店の新人女性社員の飛び降り自殺（過労自殺）がある。過酷な労働時間によるうつ病と診断されていたが、パワハラやセクハラも絡んでいたのではないかと、報道されている。

総合電機メーカーでは新人の自殺が相次いで発生した。厳しすぎる労働環境や会社側の配慮の不足が指摘された。

HSP（ハイリー・センシティブ・パーソン）という言葉も聞くようになった。周囲からの刺激を必要以上に受けやすい「繊細な人」の意味だ。

普通の人なら気にならない刺激にも敏感に反応してしまうため、生きづらさやストレスを感じ、心に傷を負ってしまう。『「繊細さん」の本』という本が出版され、話題になったほどだ。

繊細な人は自己肯定できず、否定ばかりして、いつも自分を責めてしまう。周囲にトラブルがあると、「自分の責任ではないか」と考えてしまう。雑談やうわさ話、大人数の集まりが苦手。小さな音が気になって集中できない。物事を決めるのに時間がかかるなどの特徴がある。大きな問題ではないが、これが募るとうつ病に発展してしまうこともある。

このような心の痛みを抱えている人に小林さんは、薬ではなく心で対処しようとしている。

「私も同じ苦しみに遭いました。でも、必ず回復することができます。歩調を合わせ、一緒に歩いて行きましょう」と手を差し伸べる。

この差し伸べた手で、あなたの心は浄化され、苦しみから解放されるのである。

■引っ込み思案の少女

子どものころから引っ込み思案の少女であった。言いたいことも口に出せず、大人の顔色を窺ってばかりいた。周囲の雰囲気に敏感で、過剰に空気を読んで、いつも何かを怖がっているような子どもだった。

決して仲間の輪の中には入らず、少し離れてみんなを観察していた。

共働きの家庭で、親は仕事に忙しく時間が取れない。

弟がいたが、何をするにもその弟が優先され、自分はお姉さんだから、女の子だからと我慢させられることが多かった。水泳など、習い事をしたいと思っていたが、両親が共働きだからそれも許されなかった。日曜日ぐらいいいだろうとは思うのだが、弟の世話があった。

学校に入ると弟は野球部に入り、姉の彼女はその手伝いや応援に駆り出された。

こんな生活を当たり前と思っていたし、親もそう思っていたに違いない。

ずいぶん大きくなってから、母親に言ったことがある。

「私はいつだって放って置かれていた。お母さんたちは、いつも弟のことばかりで、私はかまってもらったことはなかった」「弟だけが大事で、私なんかどうでもよかった。私も本当はしたいことがいっぱいあった……」

彼女にしてみれば、全力で訴えたのだが、母親は簡単に聞き流した。「そんなことあるわけないじゃない」の一言だった。

母には驚くほどのことでもなく、当たり前のことであった。まったく気にしておらず、これで終わってしまった。

小林さんにすれば頭の整理がつかなかった。こんな大事なことが、なんで親子で噛み合わないんだろうと、信じられないことだった。

昭和の時代性、田舎町では、これが当たり前のことだったのかもしれない。

親からすれば日々の仕事に忙殺され、自分だけが心の中に引きずってきただけかもしれない。

家族関係ばかりではない。クラスの友達に対してもそうだった。積極的に輪の中に入って自分を主張することが苦手だった。いつもみんなから半歩置いて、少しずつ遅れていた。

わだかまりがあっても、意見の食い違いがあっても、自分一人が我慢して、それでうまく収まればいいと考えていた。だから友達も少なかった。

集中することも夢中になることもできず、何に対しても少しずつ距離を置いていた。そんな自分にひどく劣等感を覚えていた。

■体調不良のはじまり

高校3年生のころから体調不良が続くようになった。うつ病のはじまりであったかもしれない。

女生徒ばかりのクラスであった。その授業中にじっとしていられない体の不調を感じたのである。

少し前から寝つきが悪くなっていた。それにつれて朝起きることも辛くなった。一時的なものだろうとごまかして、やがてこの不調が当たり前のようになっていった。

大学は地元の短大に進んだ。栄養士を育成する学校で、授業では調理実習が多かった。

その調理実習の時に立ちくらみが起こり、授業について行くことができなくなった。座り込んでは、しばしば医務室に運ばれるようになった。

このころから「ドクターショッピング」が始まった。買い物でもするように、医療機関に次々にかかり、同時受診したりすることだ。

内科の病院は何度も変え、耳鼻科や婦人科にも足を運び、行く先々で検査を受けた。電車に乗って遠い街の病院も訪ねた。だがどの医師も「異常なし」「原因不明」という診断を下すのであった。

「私は疲れていました」と小林さんは語る。20歳やそこらで、いったい何をしているのだろうと空しくなった。

自分の将来はどうなるのだろう。

少し動くだけで息苦しくなる。寝つきはだんだん悪くなるし、朝起きるのも辛い。何事にも集中できないし根気も続かない。じっとしていても途方に暮れるほど疲労感を覚えるのであった。

こんな具合だから、短大を卒業しても就職はままならなかった。遅い時間から働くことのできるホームセンターのレジ打ちのアルバイトに就いた。それでも体調不良に襲われ、しばしば欠勤した。

■うつ病の宣告

そんな時のことだ。

「あなたは心の病気かもしれませんね。心療内科に行ってみてはどうでしょうか」とある医者から言われた。

確かに問題は心にあるのかも知れなかった。いくら血液を調べても、心電図をとっても原因が見つからないのだ。

訪れたのは県境を越えたところにある総合病院だった。街の中心部から離れ、隠れるように建てられている施設だった。

50代ほどの男性の医師から「あなたはうつ病です」と言われた。

ここで初めてうつ病だったんだと自覚した。これまでの多くの体調不良はうつ病が原因だったらしい。

不思議と安心してしまった。原因不明で不安を抱えているよりは、きちんと「うつ病」と病名がついたほうが気持ちが落ち着くというものである。

さらに医師はこんなことも口にした。

「うつ病は簡単には治りませんよ。そうですね、たぶん一生治りません。一生薬を飲み続けてください」

彼女はふらつきを覚えた。この病院から処方される薬を一生飲み続けるのか、そしてうつ病と一生付き合い続けるのかと。

「これが20年前のことです。とてもショックでした」と、小林さんは記者の取材に応える。

25歳になったころ、祖母が認知症になった。自宅で面倒を見ることができず、施設に入れて時々会いに行くようになった。

同じころ、父親も病気で亡くなった。C型肝炎であった。子どものころの輸血が原因だったようだ。

父親も祖母も、自分の理解者だと思っていた。数少ない理解者を失い、大きなショックを受けた。

1年ほど辛い日々を過ごした。

26歳になってから、近くにできた動物学校に通って、トリミングの資格取得を目指した。動物が好きだったので、犬のトリミングの資格を取ってトリマーになろうとしたのである。

2年かけて学校を卒業し資格をとって、トリマーとして就職することができた。体調不良が続いていたが、薬でごまかしながら普通に近い生活ができるようになっていった。

しかし、トリマーの仕事も長くは続かなかった。腰を痛めたのである。犬のケアをすることでどうしても中腰になることが多い。その姿勢を続けているうち、耐えられないほどの痛さとなった。整骨院にも通ったが中腰が原因では続けることは難しかった。

■失恋と入院

次に就いたのは事務職の仕事で、派遣として勤めた。

仕事自体きついものではなかったが、毎朝定時に出勤するのが辛かった。睡眠薬のせいで、朝の目覚めがひどく悪いのだ。月に数日は欠勤してしまう自分を、ひどく情けなく思ってしまうのだった。

うつ病は、今ほど社会的に認知された病気ではなかった。まして田舎である。怠け病などと罵られる始末であった。

父親が理解を示してくれていたが、その父親も亡くなった。母親は励ましはするが、わかってはくれていなかった。

30歳を超えてから、失恋を経験した。自分ではこの人が運命の人だと思っていた。

この人を失ったら、もう自分の人生はおしまいだとさえ思った。最後に頼るべき人だと思っていた男性が去ってしまったのである。

もしかすれば、こんなふう強くに思っていた自分を、重く感じていたのかもしれない。

彼には自分がうつ病であることを隠していた。それでも、元気ではないことには気がついていたと思われる。

自分の人生の大半を失ってしまったような気がした。大半どころではない、すべてを失ってしまったとさえ思った。それほどのショックだった。

生きていく気力がなくなってしまった。抜け殻のようになってしまい、食欲も消えてしまった。勤めに行けないから派遣も切られ、無職となった。そのまま自宅で寝込んだ。トイレに行くのさえ辛かった。

食事もできないから、点滴でどうにか生きていた。20キロ近く体重が減った。

人生の中で一番辛い時期だった。

医者がこのままでは大変なことになるから、入院した方がいいと勧めてくれた。

生まれて初めての入院だった。

入院するとすることがない。

3日もするともう自宅が恋しくなった。

あんまり寂しくなって、どうすれば退院できますかと看護師に聞いた。

「そうねえ、3食ちゃんと食べられるようになれば退院できますよ」と看護師は答えた。

そうなのかと思って、彼女は出された病院食を無理して飲み込むようにした。何しろ水さえ飲むことができなくて点滴で生きてきたのである。胃に食べ物を流し込むのは大変なことだった。

だが、自宅に帰りたい、病院から出たいという思いで、おかゆを口に運んだ。しばらくすると、どうにか病院食を食べられるようになった。

ご飯が食べられるようになると、少しずつ

体が動くようになった。退屈なので病院の中や外を散歩したりした。

3週間ほどで病院を出ることができた。

■運命のカウンセラーとの出会い

うつ病にはカウンセリングがいいと聞いたことがあった。かかりつけの医者もそのようなことを言っていた気がする。

退院したころからインターネットでうつ病に対応するカウンセラーを探したり、カウンセラーのブログを読んだりするようになった。

やがて近所でうつ病を診るというカウンセラーを見つけた。男性だった。だが数回でやめた。こちらの言うことを身をもってわかってくれている確信がもてなかったからだ。

うつ病を知識や学問として知っていても、この辛さは経験者ではなければわからない。勉強や知識で片付けられるものではない。

それでもカウンセラーを探した。頼りになる人が欲しいのだ。

2度目も近場に住むカウンセラーで、対面で治療を受けた。夫婦で対応してくれたが、こちらのことをわかってくれているという印象からは遠かった。

失望が続いた。すでに病院からは薬を処方されるだけで、それ以上はまったく望めない。悲観的な状態に落ち込んでいった。

こんな時に見つけたのが、3人目のカウンセラーであった。

この先生は「うつ病は食事で治る」と提唱していた。食事の偏りや節食がうつ病を治りづらくしているとして、栄養指導をしていた。妙に説得力があった。

それ以上に小林さんを惹きつけたのは「私もうつ病でした」という言葉であった。「私は自分でうつ病を治しました」とまで書いているのだ。

この人なら私のことをわかってくれるかもしれないと、光のようなものを感じた。

すぐにメールを出して温かな返事をいただいた。具合が悪かったら電話をしてくださいね、とも書いていた。

うつ病は栄養不足が原因だからということで、基本的な食事のとり方を教わった。

例えば朝食には卵をとること、良質なたんぱく質をとること、タンパク質を補うためにサプリメントもいいと勧められた。

これを忠実に守るうちに、1年ほどで体調が回復していくのがわかった。

「小林さん、うつ病は必ず治ります。きちんと治療を続ければ確実に治る病気なんです。絶対に治ります」と断言してくれた。涙が出るほどうれしかった。私に必要なのはこの言葉なのだ。このような先生なのだ。

小林さんは、この先生について行こうと決心した。このような力強い励ましをもらったことはなかった。何しろ精神科の専門医までもが「うつ病は一生治らない」と宣言しているのだ。

しかし、そのカウンセラーはうつ病の経験者であり、自身で完治しているのだ。

■断薬、そしてカウンセラーに

2、3年すると体調はだいぶ回復し、カウンセラーから

「薬を少しずつ減らしていきましょう」と勧められた。

いきなり止めることはできない。体調を確認しながらほんの少しずつ減らし、半分にして、やがて1／4にし、そして1／8にするという順序だ。

1／8レベルになると、もはや飲んでいるのかどうなのかさえわからない微妙な量だが、そこが心の病気である。やはり1／8でも飲んでいるという実感が欲しい。病院から薬漬けにされているうつ病患者も少なくないのである。

医者には相談していない。独断で進めていった。この挑戦は1年近く続いた。1年近く続けて2021年3月に断薬に成功した。

カウンセラーはこうも言ってくれた。

「もし薬をやめて眠れなくなったら、また飲めばいいだけの話ですよ。だから思い切ってやめてみなさい」と。こんな言葉に後押しされて、やっと断つことができたのである。

薬をやめてから朝すっきり起きることができるようになった。

体調がいい。

休むことなく仕事へ出ることができる。

完全に諦めかけていた自分の将来を描けるようになった。あれをしたいこれをしたいと思えるようになってきたのである。

そのカウンセラーは、いつでもやさしく接してくれるわけでもなかった。例えば生きていくのがひどく辛くなって死にたくなることもあった。

「死にたくなりました」とメールをした時、「それはいっときの気の迷いです」との返事が来た。

小林さんは、ちょっと放り出されたような気もしたが、自分のことを冷静に振り返ることもでき、新鮮にさえ感じた。こんなことも重なって先生との信頼関係は深まっていった。

「自殺したいという気持ちを聞いてくれて、甘えさせてくれると期待していた自分が浅はかだとわかったのです」と小林さんは語る。

そして、これらの経験は生かせるのではないかとも考えるようになっていった。信頼のおけるカウンセラーに会って、自分は薬をやめ、うつ病から立ち直ることができた。

自分もカウンセラーになることができるのではないか。そう思うと、失いかけていた人生を取り戻すことができるような気がした。心身ともに立ち直ることができるように思えたのである。

自分が治った喜びを、自分と同じように苦しんでいるうつ病患者に提供することができるはずだ。

うつ病の経験をしたことのある人間にしかできないカウンセリングができるとすれば、

自分のうつ病も無駄ではなかったといえる。失われた22年間は、誰かの役に立つ貴重な22年間になるのである。

カウンセラーに必要な資質は、知識や資格だけではない。同じ苦しみを経験したかどうかではないか。とりわけうつ病は他人からはうかがい知ることのできない苦しさを伴う。学問で割り切ることはできない。

相談者に寄り添う心を軸に相談者に向き合う

うつ病に限らず心の病に必要なカウンセラーの条件は、患者の立場に立てるかどうかではないか。寄り添っていくことができるかどうかではないか。

「それが私にはできます。寄り添ってもらうことの重要性を知っているからです。私があなたに寄り添います」と小林さんは強く語る。健康しか知らない人にうつ病患者に寄り添うことはできない。うつ病を経験した人にしかできない機能があるはずである。

「死にたいと考えたことも、一度や二度ではありません。あなたも命を投げ出さないでください。一緒に生きていきましょう」と小林さんは強く呼びかけるのである。

常識という「呪い」から解き放つ男
人との縁と出会いで療法を進化
原因不明の病を解決!

三木整体

コジマダイキ先生

得意とする悩み：痛み全般、特に肩こり・腰痛・頭痛、だるさ、身体の不調、便秘
生理不順、不眠、めまい、耳鳴り、うつ、原因不明の不調
解決手法：整体、筋・筋膜リリース、内臓治療、頭蓋仙骨療法、脳脊髄液調整
エネルギー療法、潜在意識治療、デルタ療法、以上を合わせたハイブリッド施術
解決方法：対面、遠隔（ZOOM）、セミナー
時　　間：月～金　19:00～22:00　土、日、祝日 10:00～20:00
完全予約制
料　　金：初回のみ1980円、2回目より7000円／60分、（中学生以下5000円）
住　　所：〒761-0705　香川県木田郡三木町井上 2750-5
連 絡 先：087-813-6634
メ ー ル：nobu439429@gmail.com
ブログURL：https://profile.ameba.jp/ameba/mikiseitai
YouTube
https://www.youtube.com/watch?v=e2dyT0XYbU0

生きづらい世の中になった。

心にも体にも不必要にストレスが溜まり、原因不明の不調を訴える人が多い。医師からも匙を投げられ、閉じこもってしまう。加えて今は、新型コロナによってもたらされた数々の問題による自殺者が増加しているようだ。

このような原因不明の体調不良などを回復に導き、独自の療法で多くの成功例を残しているのが香川県「三木整体」のコジマダイキ先生だ。

■呪いを解き放つ男「私は、人々を苦しめている『呪い』を解き放つ男です」とコジマ先生は自己紹介する。「呪い」というのは、多くの人々が囚われている悪しき「常識」のことだ。
世間では病気になれば病院へ行って、薬をもらうものだと考えている。そして、疑うことなく服用する。

スポーツの監督は選手を限界までしごき、暴言罵倒するのが指導だと考えている。学校に行かなければならない。勉強をしなければならない。いい子でいなければならない……。

「そんなことはないんです。学校へ行きたくなければ行かなくていい。勉強したくない時はしなくてもいいんですよ、勉強したいと思った時にやれば」とコジマ先生は微笑む。

こうして、多くの人々をさまざまな「呪い」から解き放ってきた。

コジマ先生は整体師として通常の患者の来院を受け整体を提供するとともに、障害者施設を訪問して重度の身体あるいは心の障害を持つ方々に施術をしている。

また地域のスポーツクラブの会員の心と体のケアもしている。

「娘が新体操を始めたのがきっかけで、スポーツ選手に整体をするようになりました」（コジマ先生）

■交通事故で整体の世界に

コジマ先生がこの世界に入ったのは、29歳の時の交通事故がきっかけである。趣味はオートバイ。当時は、時間を見つけては走っていた。

そこで交通事故を起こしてしまい、救急病院に搬送される。「レントゲンを見せられて、自分でもびっくりしました。折れた骨と骨が

笑いあり、感動あり、そしてわかりやすいと好評の講座

こんなに離れているんですから」と、児島先生は握りこぶしを離して見せる。骨盤が複雑骨折していてこれでは治療の方法がない。

担当医もさじを投げて「これは保存療法しかない」ということになった。手術では救えそうもないし、大きなリスクになる。それよりも放っておいて一生不自由なまま暮らせということであった。先生は絶望した。

しかし、コジマ先生の父親が整体師であった。病院に駆けつけ、医師から話を聞いて息子の施術をすることになった。

「施術といっても、腰は痛くてとても触ることができません。筋肉をほぐすと言って、父はずいぶん離れた筋肉をさすり出しました」とコジマ先生は説明する。

膝やお腹のあたりをさすって、筋肉のこわばりを緩めていく。確かにそれでだいぶ痛みが和らいだ。

「こんなふうにやるんだ。明日から自分でやれ」と父親は言って出て行った。面倒見が悪いとは思ったが、父親も忙しいのかもしれない。

他にやることもないから、足や腹を揉み出した。

それが、今となっては大きな意味があったことを感じている。

一週間後、コジマ先生は救急病院から地元の病院に移された。治療方針は保存療法、すなわちほったらかしである。これならどこにいても同じだ。自宅近くの中規模の病院に移ってすぐに、再度レントゲンを撮ることになった。

そのレントゲン映像を見て、担当になった医師が首をひねる。

「おかしいなあ。骨が近付いている」と言って、レントゲンを見せる。折れて離れていた骨が、明らかに当たっている。

この結果にコジマ先生自身も驚いた。整体は偉大だと認識し、整体師になることを決意し、父親に弟子入りした。父親に学び、さらに父親の師匠である大阪の整体師について勉強し、独立することになった。

■試練と再スタート

父親から教わったのが「筋・筋膜リリース」である。この技術をもって独立はしたが、試練が待ち受けていた。初めは、なかなか患者は来なかったが、少しずつ訪れるようになった。

しかし、次第に患者の数が減っていくのである……。

ついには一人を除いては誰も来なくなってしまった。先生は途方に暮れた。どうしようもなく、やがて看板を下ろしてしまう。何しろ家族がある。

だが、どうしてもというので、ただ一人だけ残った女性の患者だけは診ていた。「来月もぜひお願いします」と、毎月予約していくのである。ずいぶん遠方の患者さんだった。

そんな期間が2年ほど続いたときのことだ。ハッとすることを患者が口にした。

「先生はこんなにいい腕をもっているのに、どうしてもっと真剣にやらないのですか。もったいないと思います」

「真剣……？」

コジマ先生は我に返った。そして恥ずかしくなった。決して手を抜いているわけではない。だが、勉強や努力が足りなかったのではないか……。

コジマ先生は深く反省し、再スタートを切ることにした。

すると、不思議なことに患者が増えてきたのである。患者が増えるといろいろな症状の人がいて「筋・筋膜リリース」だけでは対応できない難病も見られるようになった。

この患者にどのように治療すればいいのか？　真剣に考えよう。先生は様々な手法を研究した。

■脳脊髄液調整《のうせきずいえきちょうせい》とエネルギー療法

そんな時に出会ったのが、セミナーを提供している達人で、この先生から「頭蓋仙骨《ずがいせんこつ》療法」を教わった。

「脳は頭蓋骨の中で脳脊髄液に浮かんでいるのです。その脳脊髄液は頭蓋骨から背骨を通ってゆっくりと循環しています」とコジマ先生は説明する。

脳脊髄液の流れが悪いと、体中に不調が起きる。これを解消するために、頭蓋骨の歪みを、手を当てて調整するのである。

頭蓋仙骨療法を身につけることで、先生のレベルは一気に上がった。口コミで多くの患者が訪れるようになった。

患者が増えると、さらに不思議なことに、

新たな難病患者が現れ、先生はまた壁に突き当たってしまった。

再度模索している時に出会ったのが、神奈川県にある『魂クリニック』の院主千葉一人先生であった。千葉先生からコジマ先生は自らの悩みを解消してもらうとともに、エネルギー療法を伝授された。

エネルギー療法を習得することで、さらに先生のレベルが上がった。

■デルタ療法

ところが不思議なことに、また先生の技術を超えてしまう原因不明の難病者が訪れるようになった。

またまた、コジマ先生は頭を抱えてしまった。ここで見つけたヒントが「フェルマー点」と呼ばれる法則であった。三角形の頂点を最短距離で結ぶ中間点のことだが、自然界にはフェルマー点を自然に創り上げる力が存在する。人間の体は7割が水分で構成されている。体の3点を押すと、3点とそれら中間点を結ぶ力が働いて、その力で体調の不良が癒されるのである。

このレベルになると従来の整体とはかけ離れている。体を静かに触って3つの点を作るだけだ。治療とは思えないほどだ。

「患者さんからの神の導きのような現象で今日があります。あきらめないで進むことで成功させることができました」とコジマ先生は笑顔を見せる。

図を使いデルタ療法をわかりやすく説明する

■事例　これは小学生の男の子の事例だ。その子は突然、立ち上がり歩くことさえできなくなってしまった。

大学病院や街の中核病院で精密検査をするのだが、まったく原因がわからない。

そこでコジマ先生の脳脊髄液調整を行うことで、ずいぶん改善された。さらにエネルギー療法でほぼ完治でき、今では自由に走り回って遊んでいる。

施設にいる多動性児も診た。忙しく動き回り、集中して座っていることができない。異常行動も多い。

「気功により施術もしましたが、霊障もあったのでこれで探り当て、浄霊しました」とコジマ先生はダウジングロッドを見せた。

千葉先生から教わった技術だという。

「この子が入っている施設の所長が、いったん休業していたときにも遠方から通ってくれたあの女性の患者さんでした。不思議な縁を感じます」しみじみとコジマ先生は語る。

デルタ療法による治療の動画も見せてもらった。重度の障害を持つ男性の患者でコミュニケーションができない。体の具合が悪いのだが、呻くだけでどこがどう悪いのかわからない。

そこで先生は患者の頭部に手を当てる。これがデルタ療法だ。じっと手を当てているだけなのだが、やがて患者は手のひらでペタペタお腹を叩き出す。

「これでお腹に違和感を持っているのがわかります」と先生は解説する。先生は患者の腹部に寄って、また手を当てる。こうして障害

まわりを笑顔にして場の空気を明るくしてしまう先生

を持っている患者の不具合を改善していくのである。

ZOOMを利用した遠隔治療にも挑戦している。これは国内トップクラスの陸上競技アスリートへの事例だ。精神面の強化をすることで、たちまち上達し国内の大きな大会で優勝するほどにまでなった。その選手は香川県を離れてしまったことから、現在ではZOOMで治療を続けている。整体というと対面が中心であり、遠隔からは困難に思われる。だが、コジマ先生はそのハードルを越えようとしている。

患者からの依頼に応えて、新しい技術を開発してきた先生だ。遠方からでも戸惑うことなく相談して欲しい。真剣に向き合い良い状態へと導いてくれるであろう。

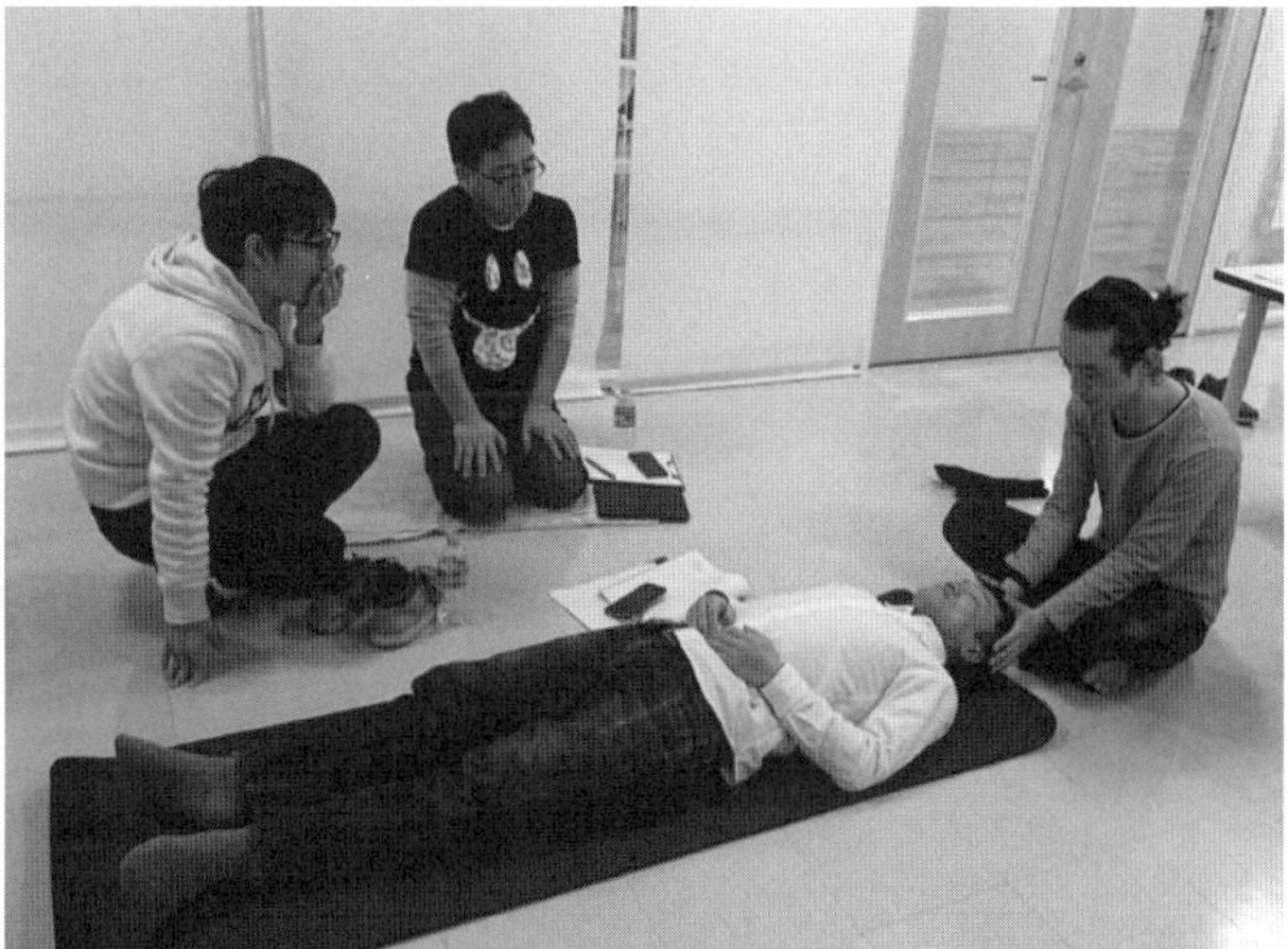

コジマ先生の実地指導に集中する生徒

あなた（魂）が決めてきた
カルマ（業）とビジョン（未来像）をお伝えし
「魂のブロック」を解除します

立運推命學《りつうんすいめいがく》Ⓡ☆研究所

菜《な》奈《な》実《み》先生

得意とする相談内容： 将来へのビジョン・進路・人生設計、就職・適職・天職、恋愛・結婚、離婚・再婚、子育て・教育方針、夫婦円満、開運、その他
解決手法： 運命學カウンセリング（鑑定書付き）、道開き参り、ライフ・カウンセリング開運ツアー
解決方法： 対面、電話、出張、セミナー、オンライン
時　間： 12：00~21：00　不定休
料　金： オンライン相談（プチ鑑定書付き）5000円／30分、10000円／60分
対面鑑定　運命学カウンセリング15000円／60分、30000円／120分（鑑定書付き・本格鑑定）
他詳細はホームページ参照
住　所： 東京都中野区
電　話： サイトからお申し込みください
メールアドレス： nk@aco7.com
サイトURL： https://na7mi.com/
オンラインでの親子関係・夫婦関係の相談室：https://oyako.ritsuun.com/
鳥越アズーリFM「運命開花☆着物 de ドリーマーズ」1・3・4週目木曜日15時メインMCを務める
「家系因縁＝魂のブロックを解除」
https://www.el-aura.com/nanami20210906/（トリニティWEBにて掲載）

華のある先生である。大輪の華だ。よく笑い、よくしゃべる。その笑顔にも惹かれるし、話す内容にも説得力がある。

リピーターの中には「やっと出会えた終着駅」と称賛する人も多く「カルチャーショックでした」「バッサリと斬られました」「長年悩んでいた〝毒親育ち〟や〝親ガチャ〟の意味が解り、スッキリしました」と驚く人もいる。

歯に衣を着せないが、笑顔も忘れてはいない。

「あなたには本当の自分の運命が見えていません」と微笑みながら指摘する。

「自分の運命を正確に立ち上げるためには、あなたのカルマ（業）とビジョン（未来像）を知らなければなりません」

静かに、しかしハッキリと言うその言葉は本気で向き合ってくれると心に響く。

■鑑定書にはあなたがさらけ出される

「立運推命學」を商標登録しており、自らを「運命学カウンセラー」と称している。

「立運」とは10年ごとに大きくうねる運気「大運」のスタート時点のこと。ここから運気上昇が始まり、人生に大きな影響を与えるのだが「これをわかっていないままに過ごし、カルマ（業）にやられてしまう人がいっぱいいます」と菜奈実先生は説明する。

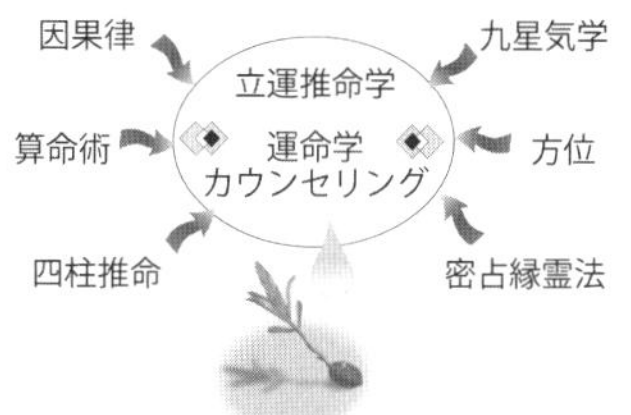

このために提供するのが4ページにわたる「鑑定書」である。四柱推命や九星気学をベースに、誕生年月日から相談者の運命を表やグラフ化している。

「鑑定書を作ることで長所短所がわかります。それをあなた自身がわかって生きていますか？　ここを多くの人が間違えています」と、斬り込む。

そして「長所がわかれば、それを生かせる人生を選びましょう。短所があればそれを出さずに、失敗しないように気をつけなければなりません」と丁寧にアドバイスは続く。

どうやってもマイナスな面が出てしまう人は前世やインナーチャイルドに原因があるかもしれない。その原因も探り当てるから、対処しやすくなる。

数式に当てはめて運気の栄枯盛衰を一覧表にするだけなら、コンピュータでもできる。同じ年月日や時間に生まれている双子ならばまったく同じ人生を送るはずなのだが、そんなことはない。

そこで必要になるのが、菜奈実先生のカウンセリングだ。「本命星が三碧木星だとか四緑木星だってわかっていても、どうやって運を立ち上がらせるのかが、わからなければなりません」（菜奈実先生）

相談者とひざ突き合わせて語り合い、人生のビジョン（未来像）を組み立てるのである。

清浄なカウンセリングルーム

■人は同じところで転ぶ

短所を出さないようにするには、または短所を生かすにはどうすれば良いのか。運が良いはずなのに悪いことが起きることがある。その逆も然り。そういったことへの対処を相談者とじっくり話し合うのである。

「運気が落ちているというのは風が吹いていないだけです。運の良い時は追い風が吹いています。風が吹いている時にいろいろと備えをしておいて、無風や逆風に備える。これが大切なのです」と語る。

若い時は無理しても走ることができるが、人生も後半になると、逆風に向かって走るのはしんどくなる。

例えば、大海原をヨットで航海する時に、追い風だからといってのんびりするのではなく、その間に新しいエンジンを積んだり燃料を備蓄したりしておく。そして、無風になった時にはスイッチを入れるだけで、追い風と同じように走ることができる。

「人はいつも同じことで転びます」と菜奈実先生は指摘する。そして、転ぶ度にケガが大きくなる。この様な場合、個人の問題ではなく「家系の因縁＝魂のブロック」として家族の関係性を鑑定し「思考の癖や行動の傾向、不幸の本質など」を見直した方が開運への近道です。

■若くして出家

菜奈実先生の人生にも、大きな逆風が吹いた時期があった。

若い頃から霊感が強かった。霊媒体質でもあり、よく金縛りにもあった。占いにも凝っており、タロットカード占いなどをやって、仲間内ではよく当たると評判になっていた。

感性が敏感すぎたかもしれない。

20歳の時に親しくしていた女友達が2人続けざまに亡くなるということがあり、衝撃的なショックを受けた。1人は病気、1人は事故。亡くなった2人の原因やそんな目に遭う運命や宿命などを、星の流れから探ろうとしたが、なかなか解明できなかった。

その悔しさや友達を亡くしたことで生と死に疑問を抱き、より深く知りたくなった。

そして、とうとう出家をしてしまうのである。

「世間の常識からすれば突拍子のないことかもしれませんが、父親が仏教の道場をやっていましたから、そんなに遠い世界でもありませんでした」と、笑顔で話す。

頭を丸め、その写真もある。「いやあ、頭を丸めてすっきりしました」と、これも明るく話す。センチメンタルになるかと思ったら、そういうものではなかったと言う。

得度して「寒中三十五日行」や「一百日大荒行修行」など、真冬の1日に朝・昼・晩・夜中の4回も水行を繰り返す修行三昧の暮らしに入り、さらに山岳修行や托鉢行なども重ねた。

「寒中修行は寒かったですよ」と、懐かし気に笑う。

その後、30代後半から40代にかけては、父親の修行道場を手伝うことになる。お札を書いたりお塔婆を書いたりしていた。道場を訪れる方々の相談にものっていたが、そんな日々の中で「運命学」の師匠との縁が繋がる。『宜保愛子』や『細木数子』が流行っていた頃でもあった。運命学の手法を習得し、自身で編纂し命名したのが「立運推命學®」である。

■aｉｎｉと勉強会、イベントでの活躍

東京ビックサイトで開催の「癒しフェア東京」では、7年連続出展の中4年連続でゲスト出演し、無料公演と有料ワークショップを開催。どちらも満員御礼で、ワークショップは満席完売。2020年のときには有料ワークショップがオンラインで全国配信される程の盛況ぶりである。

癒しフェア

さらに、菜奈実先生は、旅や体験を楽しむａｉｎｉ（旧名称ＴＡＢＩＣＡから変更）のホストもしており、最も人気の高いホストの一人である。2018年にａｉｎｉの最多ゲスト賞、2019年に最多リピート賞を受賞している。

ａｉｎｉでは、神社仏閣やパワースポットを巡る街歩き「開運ツアー」を主宰しており、この5年間で40回以上参加した人も大勢いるほどの人気ツアーである。

参拝後には参加者たちとカフェでグループセッションも行っている。「みなさん、ご縁の繋がっている人たちです。私からだけでは

なく、一緒に学んでいる参加者同士がアドバイスし合うことで、大きな気づきと刺激になります」（菜奈実先生）

ここで、先生は参加者に自分自身で鑑定できるよう指導もしており、これが発展して「プロ鑑定師育成・運命学勉強会」へとなった。

菜奈実先生のキャラクターもあって、ぜひ学びたいと希望する人が多く、ここから巣立って鑑定師として独り立ちした弟子も多い。手厳しい反面、面倒見のいい先生なのである。

先生とお弟子さん達

特に今回は現在育成中の6人をここで紹介している。この人たちはすでにプロ鑑定師として活動を始めており、菜奈実先生とともにイベントに参加したりしている。

お弟子さんたちの話を聞いて、菜奈実先生の影響の大きさを感じた。菜奈実先生は大きな波紋の中にいる。その波紋をさらに大きくするエネルギーを持っている先生なのである。

先生の著書『菜奈実先生の幸運を招く因果応報の開運術』（白誠書房）のなかでも、運命学と九星氣学で自分の性格と運命の鍵を知り、それらの因果律から良き人生を編み出す方法が書かれているので、ぜひ手に取ってみてほしい。

『幸運を招く因果応報の開運術』

・お弟子さんたちの鑑定料金
3000円／30分、5000円／60分（いずれもプチ鑑定書付き）
・お弟子さんたち紹介URL
https://ritsuun.com/staff/

●こうべ　ゆきほ　さん

明るくよく笑い、よくしゃべる人だ。しかし、前半生は閉ざされていたという。「母親からの仕打ちがあまりにひどく、人の顔色を窺ってばかりいました」と振り返る。

家を出たら幸せになれると思って踏み切った結婚であったが、2018年に解消している。

この2018年暮れのTABICAのツアーで出会ったのが菜奈実先生であった。それからというもの「奇跡ではないか」というほどの幸運に恵まれて立運推命學Ⓡの勉強を本格化し、今では仕事と鑑定師を両立させている。

「未来に羽ばたくあなたを応援します。あなたが変わるきっかけになれればと思います」とこうべさんは笑顔で語る。

●杏野　れい　さん

いわゆる「毒親」の母親に育てられた。極端に独善的で過干渉、娘2人に言葉や体への暴力を繰り返した。そのきつい性格から父親も追い出している。「母親には怖くて、とても逆らうことができませんでした」と語る。

こんなになってはいけないと思っていたのに、自分が母親になると子どもへ同じような態度を取っていることに気づき、恐れおののいた。

「こんな負の連鎖を断ち切ろう、生き方を変えよう」と、もがいている時に出会ったのが菜奈実先生であった。

「心と体は繋がっています。人生を変える心と体と魂の磨き方を伝えたいと活動しています」と明言する。

●摩利子《まりこ》　さん

全身が笑顔のような人である。「これでも、やっと笑えるようになったのよ」と菜奈実先生に冷やかされる。自分では笑っていたつもりだったが、笑顔が引きつっていたという。

幼少の頃に、性的虐待を受けた記憶がある。暗く閉ざされた子で、卒業できたのが不思議なくらいの登校拒否児であった。

田舎から逃れるように上京して就職。「ツアーで会った菜奈実先生に、バッサリと斬られました」とやはり笑顔で語る。「斬られた傷に塩まで塗られました」とさらに笑いを誘う。「あなたの殻を破ってあげたい。ご自身の素質を知り、それを生かし人生をもっと豊かに開運しましょう！」と呼びかける。

●さえき　みこ　さん

某都市の公務員であった。福祉関係の窓口などを務め、やりがいも生き甲斐も感じていた。自分には公務員が向いていると信じ込んでいた。しかし、心労が重なり、医師の診断を受け休職となる。

そんな頃に菜奈実先生と出会い「あなたはフリーランスや自営が適職。組織にはまったく不向きですよ」と指摘される。「180度反対の世界なので本当にびっくりしました、とんでもないと思いました」とさえきさんは驚きを隠さない。

ところが今では鑑定師となり「人には向き不向きがあります。あなたの人生を一緒に考えます。あなたが笑顔になるきっかけになります」とイキイキと語るのである。

●彩絵《さえ》さん

田舎の旧家に育ち、祖母も母もひどく厳しかった。長女でもあり、必要以上に自分を律するようになった。「お仕置きで2時間座らせられたり、納戸に閉じ込められたりしていました」と振り返る。

上京し就職しても良い子になってばかりいる自分に嫌気がさしてきた。そんな時に菜奈実先生と出会って「違った人生がある」と気づかされた。「ほかの人にもいろんな人生があることをお伝えしたい」と意気込みを見せる。彩絵さん自身が国家資格のキャリアコンサルタントでもある。「一緒にあなたの人生を考えます。輝く未来にしましょう」と訴える。

●直代さん

波瀾万丈な人生を送ってきた。

バブル全盛期に青春時代をエンジョイして結婚・出産したものの、離婚。しばらくはシングルマザーで奮闘し子連れ再婚したが、これも数年で離婚。常に2つか3つの仕事を掛け持ちして、子ども達を育ててきた。

仕事や人生に行き詰まりを感じていた頃に菜奈実先生と出会い、たちまち惹かれて、立運推命学®☆研究所に入門。今では老人福祉施設で介護士として働き、周囲が驚くほどに、イキイキと暮らせるようになった。

「過去の自分と向き合うのは辛いかもしれません。でも、私があなたの人生の迷路から、抜け出すお手伝いをします」と力強く語る。

ウィズコロナ時代を「ZOOM 起業」で
たくましく生きよう!

三楽舎プロダクション

小《こ》林《ばやし》敏《とし》之《ゆき》先生

得意とする相談内容：起業
解決手法：コンサルティング
解決方法：ZOOM
時　　間：応相談
料　　金：無料
住　　所：〒170-0005　東京都豊島区南大塚 3-53-2　大塚タウンビル 3 階
03-5957-7783　　03-5957-7784
メールアドレス：tk@sanrakusha.jp
サイト URL：https://tinyurl.com/u7ye4kbv
https://sanrakusha.jp

■まずは「大丈夫だ」というマインド

「いま、もしもコロナでリストラや雇止めにあってしまった方は悲観しないでいただきたい。なにもあなたが悪かったのではないのです。ここのところを間違えないでください。よく自分が悪いのだなどと自分を責めてしまう人がいますがそれは間違いです。悪いのはあなたではありません。たまたま、コロナというI00年に1度あるかないかのアクシデントに巻き込まれただけです。自分のことを責めるのはやめてください。あなたは悪くありません」

こう言う小林氏は20年以上の実績を持つ「起業コンサルタント」である。起業といってもベンチャー企業の設立ではない。副業を目指している人たちを支援している個人起業家プロデューサーだ。その実績は既に、1000人を超えている。

小林氏がそう言うのにはわけがある。決して慰めだけで言っているのではない。

事実、小林氏も39歳の時にそれまで勤めていた会社を解雇された経験をもつ。

「あの時は心の中に衝撃が走りました。家に帰る途中、家族になんて伝えたらいいのか途方にくれました。そしてリストラのショックで恥ずかしながら病気になって入院もしました」

そうした自分の心や経済の両方の絶体絶命の危機に直面し、病気で入院、さらに追い打ちをかけるように父親の末期がんが判明した。ほんとうに八方ふさがりの中でも「くそ、このままでは終わらないぞ」と自分に言いきかせていたという。

「私の経験からもリストラや雇止めはある日突然起きてしまいます。そこで大切なのはまずは『マインド』です。自分は大丈夫なのだというマインドをまずは持ってください。根拠などなくても大丈夫です。ただ、そう信じ込んでください。ここが出発点となります」

■幸せは不幸の顔をしてやってくる

突然、そうした一見すると不幸にみえるリストラや雇止めにあったとしても、必ずしもそれは不幸とは限らないと氏は言う。

「もしかしたら、あなたが人生を大きく変える良いきっかけかもしれないのです。

事実、私の経験でも、39歳の時にリストラされた時は、自分はなんて不幸なんだと思いました。ところが、それから23年後60歳をすぎて、あの頃の同僚たちは定年退職している。私の方はというと、自分の好きな分野で会社を経営しているわけです。このように、〝禍《か》福《ふく》はあざなえる縄の如し〟と言いますが、その時不幸にみえたことが後になってみると、必ずしも不幸ではないどころか、むしろラッキーだったなんてことがありますから、わからないものです」

■偶然の出会いが人生を動かす

実際に、組織の中で働くのが苦手だった小林氏は再就職を選択せず、自ら起業する道を選んだ。

「最初はなにから始めたらいいのか右も左もわかりませんでした。もう不安しかなかったですね。

　そんなある日、開いた新聞にでかでかと大きな広告が目に飛び込んできたのです。それはかつての会社員時代の後輩が成功者となった姿でした。実際にその会場に会いに行き、後輩と言葉を交わしました。

　先輩だった自分は失業者で、後輩はいまや成功者です（笑）」

　その偶然の出会いを皮切りに猛然と後輩のビジネスモデルから学んだ。

「とにかくチャンスと思いましたね」

　後輩がやっていたことは「ダイレクトレスポンスマーケティング（DRM：Direct Response Marketing）」というものだった。見込み客を確保し、その深掘りを進めていくマーケティング手法だ。さまざまな施策をとおして、購買見込みが高いユーザーリストを作り上げ、成約率を上げていく。日本の江戸時代でも大福帳が最重要とされていたように、顧客リストが最大の資産となるのである。

　それからは導かれるように本を書いたり、自分でもセミナーや講座をやりながら徐々に起業が軌道に乗っていった。

　やがて、それを人に教えるようになる。

「私が副業を提唱するようになってからもう20年が経ちます。もう1000人以上の方の起業を支

援してきました」と小林氏は語る。

小林氏は市場調査会社の矢野経済研究所、日本能率協会グループを経て2002年ジャンピア日本講座起業協会を設立した。個人起業家の育成のための団体である。

■億単位の成功事例も

小林氏の手がけた当初は、その人が持っているノウハウのセミナーや書籍化が主であった。芸者さんが有名な出版社から本を出して注目されたり、沖縄の男性が本を出して成功したり何人もの著者を出した。

現在の出版プロダクションを興してからは、スピリチュアルな分野で多くの方の起業を支援してきた。四柱推命を極めたい主婦、カウンセラーの勉強を続けているサラリーマン、生まれついて鋭い霊感霊視の能力を持っている方などの相談に乗り、独立起業を支援してきた。

その一環ではじめたのが本書のシリーズである。既に10年以上になるが、掲載を求める先生方の声が続いている。

「ネット時代になって、いよいよ本という『紙媒体』の信頼性が増してきました。自分のサイトに『このような書籍で取り上げられた』とアップするだけで信用度がまったく違ってきたと驚かれています」と小林氏は語る。

なかには書籍がベストセラーになり、セミナーも常に満員、相談者が予約でいっぱいになるような先生もいる。税務署から数回査察が入るほどである。

■コロナ禍に対応した新しい生き方

「そうは言っても、もちろん、すべての人に起業を勧めているわけではありません。起業に向いていない人も正直います。でも、もはや世の中が変わって、寿命も延びた。80や90歳になってもすがりつける大樹はないのではないでしょうか。そうした時のために、やはりいきなり起業とはいかなくても副業くらいは手がけておいて練習をして、いざという時のために備えておくことはこれからの先行き不透明な時代には特に重要なことです」

　そして、起業するにしても、副業するにしても、やはり「学ぶ」ことは大切です。時代はどんどん変化していきますから学ばないことには、たとえ起業がうまくスタートしてからも続けていくことはできない。

「学ぶことにはどうしてもお金がかかりますし、学んだことを試したりするための時間も必要です。時間を確保したり、学んだりするためにはお金がある程度は必要になってきます。できれば、ふだんからこうしたことのためにお金を少しでいいので用意しておくことをお勧めいたします」

　コロナによってリモートワークが認められ、場所にとらわれることなく仕事ができるようになった。加えて、副業も大幅に解禁になった今こそチャンスでもある。

■ZOOM起業とは

「ZOOM起業」わかりやすいところでは占い師がある。ZOOMを利用してFace to Face の占いができる。占うのみならず、悩みごとを親身になって聴いてアドバイスする。これには電話よりもZOOMが効果的だ。

さらには自分が得意な占い手法を個人教授するという講座も開設できる。

カウンセラーやアドバイザーもいい。何十年か生きていれば、他の人よりも知識を持っていたり、ノウハウを持っていたりする分野があるはずだ。

■たしかなノウハウでアドバイス

小林氏の起業の相談は、カウンセリングから入る。必要な人には有料のコンサルティングも提供する。

基本的なステップには、テーマ探し、ブランディング、コンテンツ作成、値決め、集客プロモーションなどがある。

事例としては経験を活かす営業アドバイザー、資格を活かす行政書士の講師、趣味をテーマにする人も多い。

値付けも難しい。1万円だから、100円の100倍の価値があるわけではないし、努力が１００倍必要になるわけではない。だが、いざ単価を高くするのには心理的な抵抗感もある。

「実は心理的に抵抗なく単価を上げる方法が存在します。また、この高単価商品を売り込まなくても売れる仕組みというのも存在するのです」

　単価をあげる方法や成約する方法はコーチングを応用した確固たるノウハウがあるのだという。

「これは知っているか知らないかだけのことなのです。知っていれば誰でもできます」

30万円や50万円という高単価商品を作ることができれば毎月30万円、50万円という収入をあげるのはそう難しいことではない。
なぜなら、１人お客さんになってもらうことができれば達成できるからだ。
ＺＯＯＭ起業は投資額を抑えることができる。たとえ失敗しても失うものは最小限にすぎない。
　なかなか出版社社長に起業の相談をできる機会はない。相談だけだったら無料でノーリスクなので、迷っている人はまずは相談してみてはいかがだろうか。

コラム column

真言宗阿闍梨　第33世住持　利弘

いままでの社会は、ジグゾーパズルみたいで何万ピースあっても最後にできる絵は、一つしかありません。みんなその同じようなところを目指して、ピラミッド型を求めてきました。お金、地位、名誉と、それが成功の誇り、証でもありました。

でもこれからは、【レゴ化】の時代で、同じピースを使っても車や家、動物と違うものを作り出し、ピースをすべて使い切らず、余ってもぜんぜん問題ないという「個」時代になりました。

今の世の中は、「悩みや問題」や「幸せになるため」の解決方法がたくさんあります。でもいずれも「目標達成型」の積み上げ加点式で「やりたいこと」ではなく「やるべきこと」に埋め尽くされています。

あなたが本当に手に入れたいものは、なんですか?

愛、勇気、優しさ、思いやり、安寧と多くの方は答えます。

でも実際に求めていることは、権利や自我の主張、「成功」であり「お金」であり「地位」や「名誉」だったりではありませんか？

「いま、わたしがしていること」は、本当のことではないかもしれない…生まれた瞬間にスピリットから「あなた」をデザインされ、魂の使命を受けてきた本来の「わたし」と「いまのわたし」は、違うのかもしれない…。やればやるほど、苦しくなり、楽しくありません。人は、そのギャップに悩み苦しみ始めます。

私は、僧侶として「祈り」の中で、魂の使命をお伝えすること、自分本来のデザインのゼロポントに気づくための活動もしています。

人の声は、言霊、その話す声から本当の心を見いだすための処方箋を出すアーティストでありたいと思います。

何も足さなくても今すでにある光輝く魂のエネルギー。それを再構築することで豊かに美しく生きられるという自分の源に気づき、よりよい人生を築いてもらいたいと思います。

今回、ご紹介されたさまざまなご専門の方のお力も頂いて、このような時代だからこそ、しっかりとした「命点」を打ち込み、点と点が線となり面になっていく「縁」が生まれるきっかけになることを祈っています。

その痛みは、パワフルなあなたに戻れるチャンス!

ガブリエル・クロ／スピリチュアル歓喜の歌

大《おお》友《とも》順《じゅん》子《こ》先生

得意とする相談内容：痛みを幸せに変えるスピリチュアル相談全般。不安・恐怖の解放願望実現、パートナーシップの深化、猫専門のペットコミュニケーション、亡き存在との交流（人間・ペット）

解決手法：スピリチュアルカウンセリング、守護存在からのメッセージ、エネルギーヒーリング、アニマルコミュニケーション、カードリーディング、個人トレーナー部門：3カ月〜5カ月コース（期間応相談）

解決方法：オンラインセッション（Zoom、スカイプ、LINE 電話）、メール、遠隔

時　間：月〜日13：00〜21：00年末年始休みあり（応相談）

料　金：基本：6600円／60分、延長1100円／10分、3300円／メール

住　所：宮城県仙台市太白区

電話番号：090-5352-2422

ホームページ：https://junko-otomo.com/

ブ ロ グ：https://ameblo.jp/arama2019/

メールアドレス：otseijun@gmail.com

スピリチュアルの先生の中には、相談者の心の中を読み、期待する返答を見事に提供する人が多い。そのような先生を慕い、リピーターとなることもある。

だが大友先生は違う。相談者の期待する回答ではなく、真に必要なアドバイスをする。

■痛み・悲しみは、真のあなたへのシフト（上昇）チャンス！

例えば、あなたが大切な存在を失って途方もなく悲しんでいるとしよう。それはあなたの分身だったペット、あるいは世界一愛してくれたパートナーや恋人かもしれない。かけがえのない親であり、友だちかもしれない。

彼らは戻ってはこない。どうすればいいのか。

「あなたは今、大切な存在を失って、ひどく悲しんでいるかもしれません。癒し・ヒーリングも必要でしょう。でも、同時にこれは、真のあなたへの導きという大きなチャンスです」と先生は返す。

「そんなに簡単なことじゃない！」と相談者は思うかもしれない。しかしながら、この痛みこそが人を新しい段階へシフトさせるのである。

先生自身、大学を出てから教職についていたが、強い違和感に苛《さいな》まれ続けた。子どもたちの純真さに支えられて30数年を奉職したが、限界を感じて職を辞し、数年を自分探しに費やした。

その間に、大きな感化を受けた母親を看取った。母親は霊感が強く、終末期には意識の解放を体験し、ベッド上で不思議なサインを示し続けたという。その意味を探る過程で多くのメンターとの出会いがあり、教え導かれ、真のゴールに気がついた。

人のゴールとは、愛や富を超えた絶対的なものとの一体化であり、そこへ還ること。これが分かった上でこそ、愛や富も花開くのであると。

■自我（エゴ）から真我への道、その伴走者

パートナー、肉親、ペットを亡くす…等。これらは避けられないことかもしれない。それに対し「シフトのチャンス」というと、疑問に思われるかもしれない。

「人はだれも、最終的なゴールを目指して生きます。一気には進めません。いくつもの痛みの体験が、真我へのシフトの引き金となるのです」と先生は諭す。

くじを引けば運勢がわかる、数枚のカードをならべれば運勢を読みとれる。そんな簡単なことではない。

あなたの苦しみ痛みは、エゴを手放すことで、やっと解放できる。その伴奏者が大友先生なのである。ゴールはまだ遠くにあるかもしれない。でも安易な道を選ばないでほしいと語る。

■魂の意図を知ると、願望はスルスル叶う

自分の夢とも思う大事なものが消えたとき、本当の夢に気づくことができる。

欲しいものをあきらめたとき、本当に欲しいものが見つかることがある。

「この逆説的なシフトのチャンスを見失わないよう、あなたが本当に必要なものを見つけ味わえるよう、人生のトレーナーとなります」と先生は語りかける。

入り口は絶望だったりする。しかし「どうにでもなれ！」と受け入れたときに運勢がガラリと好転する「奇跡」の流れもある。

先生は、相談者の体験を一緒に分析し、組み立て直し、相談者の幸せへのコースづくりをお手伝いする。相談者がコースを踏み外さないよう、航路となり地図ともなる。

そもそも人間は誰もがパワフルな存在だが、日々の多忙な生活の中で、多くの人がパワーをなくしてしまっている。

「私はそのパワーを思い出すよう働きかけます。どなたにも深い魂の意図があり、抱えていた苦悩や痛みを解放できた時、願望はたやすく叶っていくのです」と先生はエールを送る。

体験は、あなたの人生に組み込まれた魂の重要な計画の一つ。人生の痛みの意味を解明し、新しい方向づけを行うことで願望が叶いだしていくのである。

大友先生のセッションで豊かな人生を構築していただきたい。

自然気力治療所《しぜんきりょくちりょうしょ》

坂本良行《さかもとよしゆき》先生

得意とする相談内容：難病・持病、ストレス解消、健康維持、願望実現、運気向上、喘息、アトピー、鼻炎花粉症、腰痛、各種悩みの解決、その他慢性病から急性病まで全般に対応
解決手法：気力治療（気功）、ストレス解除治療
解決方法：遠隔、対面、出張
時　　間：9：00～12：00　14：00～18：00（午後は予約制）　木曜定休
料　　金：初見料　2000円　施術料　3000円　出張料　別途
住　　所：〒370-3522　群馬県高崎市菅谷町 77-338
電　　話：027-372-3400
090-3088-8986
メールアドレス：shizenkiryoku@khh.biglobe.ne.jp
サイトURL：http://www.shizenkiryoku.com/

■卓越したパワーで改善

本書シリーズはこのような先生を探し出し、広く紹介することを目的にしている。そして、多くの優れた先生を見つけ出してきた。

そんな先生の中でも、坂本先生は自身の施術を理論化し体系化し言語化できる、日本でも数少ない先生だ。

その著書が『ストレス解除～心が変われば身体は変わる 脳・骨・脊椎には「心」が作用する』である。病気・心・ストレスの関係をわかりやすく解説されていて、読むだけで病気から解放される。さらに、人間の体の構造や病気の原因、気（エネルギー）の関係を百科事典のように詳述し気の力が病気に大きく関係していることがわかる二冊目の著

『ストレス解除　心が変われば身体は変わる 脳・骨・脊髄には「心」が作用する』

書も2022年より全国書店で発売される。

「今まで31年間で延べ12万人をみてきて、探り出した病気の原因と快癒の法則を後世に残しておきたかった」と坂本先生は語っている。

新型コロナが猛威を振るい、社会は大きく変わったが、後遺症に苦しめられている患者の施術が多くなったという。匂いがしない、あるいは味がしないと訴えるのだそうだ。

「これはエネルギーが足りないからですよ。エネルギーを補充すれば元に戻ります」と坂本先生は説明する。

そもそも、新型コロナにかからないようにするにはどうすればいいのだろうか。これも「免疫力を上げればいいんですよ」と回答は明快だ。

免疫力をアップするには「気に入らない」という考えを捨て去ればいい。「気に入らない」という考えが心の「ストレス」になって「気」の循環を妨げ、不調の原因となる。

ここが坂本先生独自の理論だ。人間も世界もすべてが「気」が満ちており、「気」が循環することで健全な状態を保っている。人間を構成するものは「気」が8割であり、肉体は2割に過ぎない。ほとんどの病気はこの「気」の滞りによって起きる。「気」を妨げるネガティブな考えを捨て去れば、病気はなくなるのである。

遠隔が特に好評で、低価格な料金でみてくれる家族のかかりつけとして、何でも相談できて安心だ。小さい子供の発熱や頭痛などのたびに電話をしてくる方も多いという。日夜電話を通してその苦しみを取り除いている。

劉《りゅう》 気功《きこう》気《き》療院《りょういん》

劉《りゅう》　偉明《えいめい》先生

得意とする相談内容：新型コロナ、冷え症、頭痛、めまい、ギックリ腰、花粉症、自律神経失調症、うつ病
精神障害、認知症、喘息、気管支炎、高コレステロール、狭心症、不整脈、高血圧
肥満、運気の向上、商売繁盛、恋愛成就
解決手法：気功
解決方法：対面、遠隔
時　　間：完全予約制　10:00 ～ 18:00（日曜定休）
料　　金：初回：3000 円／ 30 分　2 回目以降：5200 円／ 30 分
住　　所：〒130-0022　東京都墨田区江東橋 4-29-13 第 2 鈴勘ビル 502
電　　話：03-3846-8323
サイト URL：https://www.liuqigong.com/introduction/introduction

■西洋医学と東洋医学の最高峰を極めた達人
武漢の新型コロナも遠隔で改善

このような卓越した能力を持つ人が、ここまで質素に開院しているのかと驚くほどの先生である。聖人の域に達していると言ってもいいかもしれない。

１９８２年に北京で最年少の若さで医師の免許を取得。その後中国で関連病院の気功専門担当になり、短時間で爆発的な人気を得た。日本に来てからも気功ブームを巻き起こした。「武漢がコロナにやられたときも、仲間に頼まれてずいぶん遠隔気功をしました」と、ことなげに語る。武漢の医療団体の幹部に知り合いがいて、その筋から応援を頼まれた。

コロナは肺に打撃を与える。肺は血液の新

陳代謝を司るところで、酸素を取り入れるために外に開いていることから、邪気の攻撃を受けやすい。コロナの場合は、ウイルスが邪気の正体だ。

本来は鼻で防御し、のどで防御し、気管支で防御するが、これらがやられて肺にウイルスが忍び込み、ダメージを与えた。肺胞が腫れたり縮んだり、潰れたりした患者を多く診たという。血中酸素が不足状態（低酸素状態）して朦朧《もうろう》としてくる。

この肺胞を再生する力を人間は本来持っており、それを「気」の力で強化し、病状を安定させていく。エネルギーを注入するのだ。

ツボから人体へ「気」を送り込み、経絡を通して肺に至り、肺胞を活性化させる。その「気」の動きと働きを劉先生は完全に透視することができる。

「コロナはしょせん風邪にすぎません。ただ、極めて複雑です。単なる風邪ならば葛根湯《かっこんとう》や小青竜湯《しょうせいりゅうとう》で治せるのですが、コロナはそこまで簡単ではない。さらには3カ月で新しい株に変異します」と所見を述べる。やっとわかってきたコロナの仕業が、武漢で大騒ぎしていたころから劉先生は見抜いて、遠隔で改善してきた。現地の医師にも改善方法を指導した。

「喘息も気管支炎も肺気腫も、同じように改善できます」加えて、呼吸法を習得することで、人は薬以上の強い免疫力を手に入れることができる。この呼吸法も指導している。「人間の自己修復能力は想像以上です。がんもそうです。生物は皆、偉大な自然治癒能力を持っています。１００歳まで生きましょう」

天津会《あまつかい》

村山政太郎《むらやままさたろう》先生

得意とする相談内容：人生・心身のあらゆる問題
解決手法：天学術《てんがくじゅつ》
解決方法：対面
時　　間：予約制
料　　金：10000円／50分
住　　所：〒177-0041 東京都練馬区石神井町 7-9-3
電　　話：03-3995-5924　03-3995-5924
FAX：03-3995-5924　03-3995-5924
※天津会セミナー 毎月第1・3日曜日10：00～15：00 会費3000円
（神通力者になるための勉強会。昼食・お茶付き）

■生まれ落ちた時から天と通信

神がかった先生である。話すことも俗世間からかけ離れ、一般の人とはレベルが異なる。それでいて気さくで親しみやすい先生だ。

村山先生は、とんでもないパワーでさまざまな難病を克服してきた。西洋医学では見放されたような深刻な症状の病人が先生を訪れるのである。たとえば有名企業の会長が膠原《こうげん》病《びょう》に苦しんで、最後にたどり着いたのが村山先生であった。頭に大きな腫瘍のできた50代の男性も訪れ、先生の施術により改善した。

これら施術も独特だ。障害となっている箇所をピンポイントに探り当て、滞りをなくす。指先で相談者の身体をトントンと軽く叩き、手が勝手に問題のある部分を探り当て、癒していく。「土石流で道がふさがっているようなものですよ。土を取り除いて開通させれば、体はすぐに回復します」と答える。MRIでもCTスキャンでも見えない病根を探り当てるのである。

霊障にも大きな力を持つ。水子や亡くなった方の霊を浄化して、相談者を不調から救う。「大きなお寺のご住職も相談にみえます。お力になっていると思います」と笑顔で語る。霊障でチャンスを失っている人も多いと指摘する。

話し出せば止まらない。体のこと、生きること、政治のこと、宇宙や神のことなど、とりとめもなく広がる。

先生の学問と技術は天学術《てんがくじゅつ》として集大成されているが、先生の全体像はつかむのは極めて困難だ。先生自身著作も多く、今まで17冊にも及ぶ。それだけ出版してもまだ足りないと嘆く。訴えたいことがありすぎるのだ。

たとえば近著に「大宇宙の別天天国に行く」があり、天国を越えた「別天天国」に帰天する方法を天界図で示している。

先生の学問と技術の一端を教えてセミナーも開講している。「こちらから一方的な施術では完璧ではありません。お客様にも理解して欲しいことも多いのです」と、自身の技術の一端を解放している。実際に先生と同じ神通力を習得し活躍している人もいる。

「金銀も石油も地下にあります。地下は地獄。これに対し、天国とは対局にあります。鉱石のような重いものに固執しては、いけません。身を軽くして天国、さらには別天天国に登りましょう」と村山先生は呼びかける。

三楽舎プロダクション

上江裕子《かみえひろこ》先生

得意とする相談内容：あなたの中にある得意なことを発見
解決手法：コンサルティング
解決方法：ZOOM
時　間：応相談
料　金：無料

住　所：〒170-0005　東京都豊島区南大塚 3-53-2　大塚タウンビル3階
電　話：03-5957-7783　　03-5957-7784
メールアドレス：hk@sanrakusha.jp
サイトURL：https://tinyurl.com/u7ye4kbv
https://sanrakusha.jp

■スピリチュアリストの芽を見つけだしデビューまでを支援するプロデューサー

「占いに興味がある」「何から始めればいいかわからない」「自分にもできるか自信がない」といったレベルの方に無料で相談にのっている。

「スピリチュアルが好きとか、占いが好きとかいう人が、とてもおもしろいブログを書いています。そんな人のプロデビューを応援したい」と語る。

本人自身も見えない世界からのアプローチが好きで、自分の人生にも取り入れてきた。

さらには子どものころから、霊感が強く、他の人には見えないものが見えたり、聞こえないものが聞こえたりしていた。

「その人に能力があるかどうか、またどのような面の能力に秀でているかわかるんです」

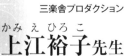

とも語る。自分で占いをしたりヒーリングしたりするよりは、占い師やヒーラーといった人への興味が大きいようだ。

　十分な能力があるのに、その能力を生かしきれていない先生が多いし、それ以前にどのような能力を持っているのかさえわかっていない人も多い。そのような人を発掘し、職業として応援してきた。そんなスピリチュアリスト応援の一環で三楽舎プロダクションは、スピリチュアル関係の書籍を出版したり、セミナーを開催したりしている。

　普通の主婦だったのに、副業で占い師デビューできた人もいる。喫茶店や洋品店のママのタロットカード好きが昂じて、お店の半分をサロンにした人もいる。重い病気を克服し、同じ苦しみから助け出したいとカウンセラーになった人もいる。離婚を宣告され職を得ようと霊媒師になった人もいる……。このような事例はいくらでもある。

「たとえ商売にはならなくても、相談相手のお役に立てることに喜びを得られたという方がとても多くて、私もやりがいを感じます」

　いきなりプロは難しいが、人の役に立つことは尊いことだ。生きる喜びとなる。それで報酬も得られるかもしれない。

「スピリチュアルが好きで、インプットに励んでいる方は大勢います。その知識をこれからアウトプットしてみませんか？　私が応援します」とエールを送る。

アニマルミディアムとして掲載

コラム
column

森安商店代表取締役
全国卵商業協同組合副理事　森安政仁
前日本サイ（魂）科学会九州支部会長
著書に『たまご社長が教える運をつくる仕事術』（三楽舎プロダクション）
『人生相談の専門家が教える逆運を福運に変える秘訣』（現代書林）、『光輝く人生－心の研究』（鷹書房弓プレス）がある。
連絡先　０９５－８８３－６０４８

心と生霊について

・生霊と血圧の関係

心の研究を40年続けてきた結果、今でも日々、新たに気づくことがあります。

たとえば1年間毎日、朝、夕方、就寝前と1日3回血圧を測ってきたことで、身体の調子だけでなく、ストレスが大きく関係することを発見しました。特に、人から悪い念を受けていると、身体に大きな変調が現れます。

妬みや恨み、助けてほしいとすがる気持ち、怒りや憎しみなどは、それを想う人はもちろん、受ける人にも影響を与えます。人の念にはパワーがあるからです。そういった思念が、いわゆる生霊と呼ばれるものです。

受けた人は胸の苦しさ、頭痛や肩こり、手のしびれ、腰痛などを感じます。身体全体がきつくてだるくて、仕事も手につかない状態になることさえあります。

これは私自身の経験でもあります。生霊を受けたことで身体と心にさまざまな変化があり、思い余って知己であるふたりの霊能者に霊視をお願いしました。想像通り、ふたりは同じ人物の名前をあげたので、私はその知人から「孤独から救ってほしい」という念を送られたことが心身の不調の原因であったとわかりました。

私は念を送ってきた相手に心の中で詫びながら祈りを捧げました。私自身が相手に何かしたわけではありません。そんなことは関係なく、相手の心に寄り添い、相手を心から想って詫びて、相手の心が穏やかになるよう祈る。それしかないのだということとが経験からわかっています。

人の気持ちを無理やり変えることはできません。その人自身が気づくしかない。自分自身で変わるしかありません。私にできるのは、詫びて祈り、相手が自分自身の心と向き合えるよう気づきをもたらすことだけです。

ここで、生霊が私の血圧に及ぼしたことを記録しておきます。

相手の念がきてから2〜3時間で、血圧が20〜30ほども高くなります。そこで相手に詫びの祈りを捧げると、約3〜4時間ほどで少しずつ血圧が下がってきます。この状態が偶然ではなく、平均的に起きることを1年間の観察の中で学びました。

私は、祈りによる影響で生霊と死霊が見分けられることに気づきました。身体や肩の痛みなどを感じた場合、それが死霊の影響であれば、祈ることによって数分後に消えていきます。

生霊の場合は、祈っていると薄赤いオーラが見えます。それが消えるまで祈り続けることで、相手の念が消えていき、心身の不調はそこから半日から1日くらいで軽くなるようです。

・生霊は送る本人にしか消せない

人間関係とはいかに難しいものか。自分にはそんな気がなくても、相手から悪い思念を送られることがあります。もちろん、送られるのが良い思念の場合もあります。相手の心次第。だから一筋縄ではいかないのです。

悪い念は、送られた側だけに影響するはずがありません。念、つまり想いの影響を一番受けるのは本人です。悪い想いは悪いことを呼びます。長く心の中に持ち続け、人に発するようなことがあると、周囲に負の連鎖を及ぼします。悪い念にとりこまれた人の先祖は心配し、あの世で苦しみ、それがまた現世で悪影響を引き起こします。仕事も家庭もうまくいくはずがありません。努力したとしても、自分自身の悪い念が人生の方向を決めてしまいます。そこから脱出するためには、本人が気づくしかないのです。

悪い念を受ける側にとっては一方的なことですが、送る側も自分のしていることを認識していない場合があります。自分のしていることに気づけば、そして、誰かを妬んだり恨んだり憎んだりすることが、自分自身を負のオーラに包むことになることがわかれば、状況を変えることができます。

しかし、悪い思念に入り込んでいる人が、自分や周りを客観的に見ることは簡単ではありません。無意識であっても争いを続けることは、思念を発した人、受けた人、両方の心身を害し、不幸に向かわせてしまいます。

心身の不調に悩み、大学病院で数々の検査を受けても原因がわからない人はたくさんいます。その多くは人間関係が原因だと考えられます。

40年間、無料人生相談として全国の

人々の話をきいてきた結果、実に80％程度の人が、人間関係が原因と思われる痛みやめまい、しびれなどに悩んでいます。医者はそれをストレスといいますし、それは正しいでしょう。けれどストレスの原因は一人ひとり違います。そして西洋医学の薬では根本的な解決はできません。ストレスの原因を解消しないかぎり、悩みから解放されることはありません。

頭痛やひざ、腰の痛みは、誰かからの悪念が蓄積して現れることが多いです。そのままでは一生苦労することになります。南極や北極の雪のように、静かに降り積もって、溶ける間もなく注がれ続けることで蓄積していく一方なのです。

受ける側にできるのは、その事実に早く気づいて、相手に心から寄り添うことです。食事でもしながら歓談するのもいいでしょう。自分は悪くないという時は、そんなふうに攻撃を受けていることすらわかりにくいものです。原因不明の心身の不調が続くときには、意識してみるといいでしょう。必要なら、見えない世界とつながる人に相談してください。

そして、生霊が影響していると気づいたら、自分が悪くなくても相手に詫びて、互いの想いを水に流すことが大切です。相手の幸せを願って「ごめんなさい」と詫び、

「ありがとう」と祈り続けます。「ありがとう」という感謝の想いは、いついかなるときにもよい影響をもたらしてくれる最強の幸運ワードです。日々、声に出すといいでしょう。

このようにアドバイスすると「悪くもないのに謝りたくない」「生霊を送る人に感謝なんてできない」という人が少なくありません。「悪いのは相手」そう思っているかぎり、心身の不調は続きます。相手からの悪念は止まらないうえ、自分自身も悪念を発してしまうからです。

どちらが悪いではなく、自分が不調から解放されるために何ができるか。できることを実行して、1日でも早く心身の健康を取り戻したほうがよいはずです。

・生霊の影響を見分けるヒント

一般的に高齢になるほど、心身の調子を崩すことが増えてきます。加齢によってどうしても仕方ないこともありますが、同時に、生霊の影響を受けやすくなるからだと考えられます。

人は年を重ねると、身体は弱まる一方で、思念の力が強くなります。人間関係のトラブルは、同年代同士で起こることが多いことを考えると、高齢になるほど知人からの思念を受けやすい、つまり生霊と関わるリスクは高まるということです。

とはいえ、一般の人は、念を発しても受けても最初はなかなか気づけないと思いますので、見分けるヒントをあげておきます。

ちなみに私自身の経験では、相手の念が強力なときは、血圧が上がり、薬がまったく効きません。その他、誰かと争った後に肩甲骨が痛んだり、違和感があったりするのは生霊の影響であることが多いです。

女性からの念は左側、男性からの念は右側に現れます。

仕事の疲れはひと晩休めばとれますが、生霊を受けると、身体の疲れやだるい状態がずっと続きます。

生霊によってもたらされやすい、具体的な病名もあげておきます。

・前立腺がん

心から見た場合、女性からの憎しみや怒りが原因となるケースが多いようです。相手の女性に対して、毎日「お許しください」と祈り、人生に気づきを与えてくれたことに感謝することで快方に向かうでしょう。

・肺がん

女性からの念は左側、男性からの念は右側に現れます。がんでなくても、長い年月の間に胸の痛みが現れます。相手が心から穏やかになれるよう祈ることが有効です。

・乳がん

左側の場合は、母親、または配偶者と親しい女性などに自分が憎しみをもっている場合に現れるケースが多いです。

右側の場合は、父親や浮気をした夫などに怒りや憎悪を感じているとき。悪いのは相手だという気持ちを捨て、心から詫びて、感謝を念じることです。

・すい臓がん

身内間での争いによってもたらされることが多いです。身内との争いはこじれやすく長引きやすいものですが、心を入れ替え、詫びて祈ることで症状が軽くなっていくはずです。

・胃腸の病気

誰かに対して不平不満を心の中にため込んでいることから起きやすいです。胃腸に不調を感じたら、自分の想念のあやまちに気づき「お許しください」と祈りましょう。

・肝臓の病気

お酒を飲まないのに肝臓の調子が悪いという人は、怒りっぽい人が多いようです。怒りをためず、感謝の心で生きることで不調が軽減するでしょう。お酒を飲む場合は適量を楽しく飲めば不調を呼び寄せにくいでしょう。ストレス解消など、マイナスの思考で飲むと心身、特に肝臓に負担をかけると思います。

・子宮の病気

女性同士が争うことで、両者の子宮に悪影響が及ぶと考えられます。

・目の病気

誰かが自分に強い怒りや憎しみを発したとき、目が急に充血したりかすんだりすることがあります。これも左目が女性から、右目が男性からの思念です。

このほかにも生霊によって引き起こされるさまざまな影響があります。同時に、先祖が助けを求めている場合、メッセージを伝えてきている場合があります。

医学で解決できないことがある。目に見える世界だけで説明できないことは多い。

そして、生霊や先祖の霊が気づきを与えてくれていること。

このようなことに気づいて、正しく交流することで、健康で和やかな人生をまっとうできるのだと感じています。

・40年間の心の勉強から

40年間、無料で人生相談にのらせていただいたことで、たくさんの出会いがあり、魂のふれあいがありました。その中で多くのことを学んできました。

心身の不調の解消はもちろん、願いを叶えるためにも、相手に寄り添って詫び、感謝し、相手の幸せを心から祈ること。どんなときでも、この基本は変わりません。

ただしこれは、自分の気持ちを押し殺したり、我慢したりすることではありません。

争いごとはいけないということではないのです。言いたいことを言い、ときには争うことも必要です。ためこんだり、自分をごまかしたりすることのほうがいけません。

アメリカの医学雑誌に興味深い記事がありました。他人から見れば喧嘩もせず仲の良い夫婦でも、どちらか一方が、言いたいことを我慢して喧嘩を避けている場合。表面的には穏やかでも、真に幸せな人生とはいえず、心身に不調をきたして短命になることも多いということです。

当然のことだと思います。何度でも繰り返しますが、相手に詫びる、感謝するということは、心からしなければ意味がありません。喧嘩をしてもいいのです。言いたいことを言うことで心が空になり、ストレスを解消する。そして新たな心で相容れて寄り添うことができる。それが重要です。

心に葛藤があると、しかも長い年月ため続ければなおさら、心身の不調のもとになります。誰かから生霊（悪い思念）を受けるだけでなく、自分で自分を傷つけることになります。

先祖も心配して苦しみ、心身の弱い部分に病気となって現れます。たとえば、相談に多いのが、誰かの介護をしている人からのものです。介護しながらストレスをためることで、自分も介護が必要な体になってしまうケースがよくあります。最初は難しいことかもしれませんが、介護できる幸せをかみしめ、先祖や周囲の人々に感謝する。そして辛いときやたいへんなときは、周囲に協力を求めたり、言いたいことを言ったりしていいのです。

家族ががん家系だから、と気にする人も多いですが、遺伝よりも大きく影響するのが本人の生き方だと、私は思います。人間関係を大切に、いつも心を穏やかに過ごす人は、健康で幸せな人生を送るはずです。

人生は死ぬまで修行。私はそう思っています。感情の動物として生まれてきた道を、自分の心に正直に、まっすぐ生きることです。自分らしく生きていれば、おのずと先祖や周囲への感謝の心が湧いてくるものではないでしょうか。

私は現在80歳。自営業で毎日健康に働かせていただいています。朝に夕に、命をいただいた先祖様に感謝の祈りを捧げ、家族をはじめ、人生で出会った人々の幸福を祈っています。それは義務でもなければ、誰かのためでもありません。私自身の心の中から自然に湧いてくる気持ちを天に伝えているのです。

・人生の本当の心友について

病院に行くと、ストレスが心身の不調の原因と言われることがあります。私も同感です。また、お医者様の見立てでストレスと判断されるよりも多くの人が、実際にストレスによって心身の健康を奪われているのではないでしょうか。

肩こりや頭痛といった不調の多くは、人間関係から発生するストレスの一種ではないでしょうか。自分は気づいていなくても、相手のストレスを受け、自分にもストレスがかかっているのです。

ストレスの原因は一人ひとり違います。しかし、基本の解決法は共通なのではないかと思います。それは男女関係なく、本当に心を許して話し合える「心友」をもつことです。互いに秘密を守り、信頼関係によって結ばれた付き合いで、心を空にする時間が必要なのだと思います。心を空にする大切さを、私はさまざまな人生経験の中で痛感してきました。

健康はお金では買えません。心穏やかに生活し、調和の心で人間関係を築いていくこと。「心友」と語り合う時間を楽しむこと。感謝と奉仕の心で生きること。そうしていれば、命ある限り健康な毎日を過ごしていけると思います。

・世のため人のために尽くす

高齢でも健康な人は、よくお墓参りをしています。ボランティアに熱心な人も多いです。そのように感謝の心をもち、人に尽くすことによって、多くの素晴らしい出会いを得ることができ、より楽しい人生が過ごせると思うのです。

先祖が地域に奉仕し、本人も先祖に感謝して社会に尽くすこと。これが人生の基本であり、道しるべだと思います。自分にできる奉仕をすること。恵まれない人を助けることで、自分の生命力も伸びるように私には感じられます。

この生き方こそを徳としてまっとうしていけば、次の子孫も徳をいただき、大難は小難になると思います。命をいただいた父母に感謝し、孝行することで、目に見えないご先祖様がいろいろな面で助けてくださると信じています。

私は成功を、自分のあり方だと考えています。世のため人のために活動すること。そうやって徳を積んだ人が人生の成功者なのだと思います。

健康も幸せもお金では買えません。しかし、自分自身の徳を積むことは誰にでもできます。世のため人のため、心穏やかに尽くす。そうやって積んだ徳が、先祖、子孫、周囲の人々、そして自分自身を健康に幸せにし、真の成功へと導いてくれるでしょう。

（日本サイ科学会
サイジャーナル7・8第458号より転載）

健康で長寿の生き方

・健康とは、体と心と霊の三者の関係が調和状態にある時
・頑固がストレスを呼び、病気につながる
・物事に集中すると健康で長寿でいられる

世界中の人々は、皆この世に修行に来ているのですから、若い時、中年、老後まで人生の勉強をしていると思います。昔から言われているように、若い時に他人の所で人生の修行をするのが良い。中年までの修行はいいが、老後の修行は大変になります。私の相談の中から気づいたのは、三代目になると、言葉はうまいのですが、野菜、果物といっしょで温室育ちの人は、一回挫折すると立ち直るのが大変なようです。

私の経験では、おぼっちゃま、お嬢さまで育っている人ほど、老後の苦労が多いように思います。昔のことわざ通り、若い時、世の中に出て、人の痛みや思いやりの大切さを勉強することが大切です。

私の信仰の原点となるのは、40年前に志岐先生より教えていただいた、人を憎まない、人から憎まれない生き方こそ健康の証だということです。40年経ってもそれを実行した人は健康に生活しています。そして、家庭の調和が大切だと思います。父親と母親に親孝行すると幸せが沢山あると思います。

若い時から争いばかりしていると、老後に幸せはないと信じます。そして、世のため、人のために徳を積んだ先祖のいる方、若い時から社会に奉仕している方が、店に来ると、お客を沢山呼んでくれると私は確信しています。

ここ10年間の勉強で確かめたのは、会社でも個人の商店でも、組織の長たる人がうまく調和を作ったところが良い方にいくということです。

健康で一生を過ごす。その秘訣は人間関係に対していつもありがとうの気持ちで過ごす生活だと思います。いつも穏やかできれいな心で、神と先祖に感謝し反省することが大切です。

そうすることで寿命は延び、自分や子や孫に徳が伝えられると思います。このような生き方こそ何代も続くことになるでしょう。何代も続いている家庭では、地域に奉仕し、子どもに正しい生き方が教えられていると私は思います。

20年来の友人が警察の署長時代、2年間死亡事故が0であったのですが、署長が替わったら、すぐ死亡事故がありました。これこそ徳を積んだ人の証と思います。

商店でも会社でも、同業同士で単価で競うのではなく、その会社、商店の生き方こそが大切だと思います。徳のある「会社、商店」と「会社、商店」同士が取引していると、このようなコロナ時代でも、目に見えない世界で応援されるでしょう。

病気の原因の約80%は、自分の心の想念が悪い方に怒り、憎しみ、妬みをもつことと共に、相手からの悪い想念が来ることによるものです。体に不調が来たら、そのことに早く気づくことが大切だと思います。この状態を長い年月続けていると、先祖からいただいた肉体の弱いところが病気になりがちです。

頭痛、腰痛、しびれ、肩のこり、目の充血等、いろいろな不調がきます。相手がわかったら、その時早く相手に詫びることが大切だと思います。
これまで40年間、全国の縁のある人を助け、自分も勉強させていただきました。
心から感謝申しあげます。

（日本サイ科学会　サイジャーナル3－9・10第459号より転載）

心の相談オフィス&キャリアの転職相談室

辻《つじ》村《むら》雄《ゆう》二《じ》郎《ろう》先生

得意とする相談内容：勤労者のためのカウンセリングとメンタルヘルス、パワハラ問題、起業、キャリアアップ相談
解決手法：心理カウンセリング、キャリアコンサルティング
解決方法：対面、電話、メール
料　　金：対面 1 回 5000 円／ 50 分、メール 1 回目無料 以降 3000 円／ 3 回分
営業時間：対面・電話 9：30 ～ 19：30（予約のみ）
住　　所：〒524-0012　滋賀県守山市播磨田町 425-10
電　　話：090-5882-0219（携帯）
ＦＡＸ：077-583-2692
Facebook：https://www.facebook.com/ingoya17
メールアドレス：tsujimu@jungle.or.jp

外資系と日本企業の最前線でのサラリーマン時代、独立してからの12年。以前に心理相談員、臨床心理カウンセラー、キャリアコンサルタント、産業カウンセラーの資格を取得。人生の岐路に立った時にどうすればよいのか？「コロナ禍で仕事や生活が変わり、ストレスが溜まり、誰もがメンタルダメージを受けています。今こそ、メンタルヘルス&ケアが重要です」と訴える。休職してからの職場復帰で困惑している人がいる。解雇、雇い止め、転職で心に傷を抱えている人も多い。厳しい環境の中で、健康な心身の維持が求められているのである。

また、退職後の第二の人生の中で、目標を見失っているシニアも多い。「人生100年時代。これからの後半生が勝負です。充実した『今』を手に入れましょう」と支援を惜しまない。先生自身も古希（70歳）を迎え、自身の経験やアドバイスをまとめた書籍『外資系企業、日本企業勤務を経て独立起業した臨床心理カウンセラーが書いたメンタルヘルス&ケア』（Amazonにて販売）も推奨したい。

ライフサポートマネジメント

高嶋庚周《たかしまこうしゅう》先生

得意とする：子育てから生活・経営まで全般、町おこし・地域活性化、免疫力強化
解決手法：占い、カウンセリング、風水、波動セラピー（要予約）
解決方法：イベント、出張、対面
時　間：応相談　無休
料　金：時間に関係なくお１人様 5000 円～（遠方の場合別途交通費）
波動セラピー 3000 円／40 分
住　所：〒838-0138　福岡県小郡市寺福童 970-1
連 絡 先：090-4488-6832

コロナ禍のステイホームで、商店街は大きな打撃を受けた。シャッターばかりが目立つ通りも多い。こんな町の活性化に最適なのが高嶋庚周先生だ。炭坑でにぎわった筑豊地区の町おこしのイベントで活躍してきた実績がある。高嶋先生の占いコーナーは、いつも人だかりになるものだから、商店街はもちろん、後押ししている市や町にも重宝がられる。

「私は神出鬼没、損得抜き。声がかかればどこへでもお伺いします」と、元気に答える。この明るさとフットワークの軽さで、高嶋先生の右に出るものはいないだろう。「また来て欲しい」という要望や「隣の商店街のイベントにも来て欲しい」とリピートの声がかかる。住宅展示会場でも喜ばれる。「風水の視点から、それまで売れなかった物件がたちまち売れるようになります」（高嶋先生）ウイズコロナ・アフターコロナの時代、必要となるのは高嶋先生のような手腕だ。イベントや町おこし、そしてあなたの人生の悩みを、ぜひ相談していただきたい。

ホリスティックカウンセリング BlueGrace

ありまゆみ先生

得意とする相談内容：夫婦関係の改善、恋愛・結婚、生きづらさの解消、人生の流れを変える、大切な人を亡くされた時のグリーフケア、HSP（繊細で敏感な質を持つ）方のサポート
解決手法：カウセリング、オーラソーマ、HSP カウンセリング、グリーフケア
解決方法：対面、電話、心理学講座
時　　間：金・土曜日　14：00～19：00（サイトよりお申込みください。その他の曜日・時間をご希望の場合はご相談ください）
料　　金：個人カウンセリング（対面）10000円／120分（180分まで延長可）、5000円／60分、オーラソーマ5000円／60分
住　　所：横浜市中区本牧元町　JR 根岸駅よりバス利用 10 分下車徒歩 1 分
電　　話：090-1059-3898
メールアドレス：saera_ali@celery.ocn.ne.jp　m.ali0172@docomo.ne.jp
サイトURL：https://riveramayumi09.wixsite.com/mysite
https://profile.ameba.jp/ameba/angelica777/

「現代人の悩みの多くは、自分の本音と周囲の期待のギャップから生じています」と、まゆみ先生は説明する。そんな方々に寄り添い、時間をかけて、もつれた心を解きほぐしていく。そして、相談者は束縛から解放され、自由を取り戻していく。

　さらにまゆみ先生は、自分でケアし自律できるようワークを提供している。その第一歩が、悩みの原因となっている「パターン」を知ることだ。例えば親の言いなりになって育ってきた方がいる。そんな方は結婚すると、今度は夫の言いなりになる。子供が産まれると子供に振り回される。そんなことを繰り返してしまう。このパターンに気づき、そこを超え、自分を変化させる支援をしている。

「自分を大切にしましょう」とまゆみ先生は呼びかける。多くの人は自分よりも他人を大事にしてしまう。自分を粗末にさえする。「自分に素直になりましょう」自分の本音に目を向けさせ、本当の自分に戻るためのたくさんの手法をもっている頼れる先生である。

台湾の姉

玉《ぎょく》 仙《せん》妃《ひ》先生

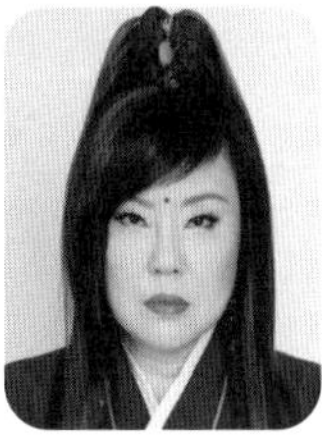

得意とする悩み：開運・厄除け、性格・進路、恋愛・結婚、相性、ビジネス、健康、浄霊、方位
施術手法：神杯占い、亀占い、米占い、数字占い、パチンコ占い、漢字占い、筮竹、サイコロ占い、奇門遁甲、厄除け
時　　間：10:00-20:00（年中無休）☆完全予約制☆
料　　金：対面・電話・オンライン・15000円／60分、開運ブレスレット付き25000円／60分、開運台湾式厄払い6000円／1件、メール鑑定5500円／1件、霊符1枚10000円～、出張鑑定20000円／60分
住　　所：〒171-0043 東京都 豊島区 要町1丁目1-10 サブナド要町606号 玉仙白龍館
連 絡 先：090-4943-3478　080-5520-6222
ホームページ：http://www.taiwan-ane.com/
メールアドレス：taiwan.ane@gmail.com

幼い頃より台湾独特の寺院「廟《びょう》」が好きで、小学生で「師公」と呼ばれる高僧より護符の奥義を「一生独身で孤独に過ごす」ことを引き換えに教えてもらいこの道を選び進んだ。

先生の護符は効果絶大で占いはトップクラスである。その高い的中率で人気番組・TBSテレビ『王様のブランチ』、日本テレビ『スクール革命』、『スカパーテレビ』など出演、『週刊ＳＰＡ！』浄霊にも掲載され、書籍、ネット占い1位獲得実績多数、雑誌、メディア等称賛されている。

台湾では「陰陽五行」と「前世霊魂学」により細分化して、36干支で占い、恋愛運、金運、健康、仕事運の的中率は高い評価を得ている。

よく当たり、有名な割にはリーズナブルな金額で鑑定しているので、初めての人でも行きやすい。日本式占いに食傷気味の人にもお勧めである。

除霊・浄霊や難病の患者からの相談も多く、厄払いの効果は多くの相談者に支持されている。

鑑定に人生をささげ、大きな運命を背負って日本で活躍している台湾先生は『人生の悩み・迷いを1人で悩まず・抱えず、ぜひ私のところに来てください』と呼びかける。

霊視鑑定天龍占いの館「Dahlia《ダリア》」

天龍《てんりゅう》知《ち》裕《ひろ》先生

得意とする相談内容：開運・家運、人生一般、仕事、恋愛・縁談、子宝・繁栄、健康・体調など
解決手法：除霊、霊視鑑定、交霊、降霊、手相、タロット、四柱推命、方位学、姓名判断、西洋易学、気功
解決方法：対面、電話鑑定、オンライン（Skype）、遠隔
時　　間：9：00〜19：00　定休水曜　完全予約制
料　　金：霊視鑑定　5000円／1時間、リピーター（再度）　3000円、降霊　5000円（詳細はホームページ参照）
住　　所：〒673-0881　兵庫県明石市天文町 1-2-3
電　　話：090-6432-6572
サイトURL：https://www.tenryu-chihiro.com/

お客様に神さまを与え、エネルギーを注入してくれる先生である。「来る時はぐったりヘトヘトでも、帰る時は笑っている人が多いんですよ」と笑いながら話す。

広島から明石市にかけての20年、修業時代も入れると30年になるベテランだ。除霊と降霊を中心に、手相、タロット、四柱推命などの占いでも定評がある。

ＴＶによく出ていた霊能力者「伊藤良子先生」に見いだされた。施術をお願いに行ったのだが、その場でスカウトされ「あなたは選ばれた人間だ」と太鼓判を押されたという。以来、施術はもちろん受付から事務手伝いまでして鍛えられた。

明るく元気な先生で、その笑顔で訪れたお客様も元気になる。「くよくよしてもつまらないじゃありませんか。仲良く楽しく、感謝感謝。現実に全集中しましょう！」と、背中を押してくれる。

「Ｄａｈｌｉａ」は天龍先生のような実力者数人が集まっている。心や体がどうにも不調な時は、気軽に電話してみたい。

Santuario《サンドゥアリオ》

井上史枝《いのうえふみえ》先生

得意とする相談内容：心身の不調、恋愛、国際結婚、シングルマザーの生き方、不妊治療、本来の美しさの回生、その他
解決手法：カウンセリング、ヒーリング、マッサージ、ハーブ蒸し、鉱物アロマ
解決方法：対面、遠隔
時　　間：応相談、不定休
料　　金：8000円／60分～
住　　所：岡山県岡山市北区野田
電　　話：090−4365−3800
メールアドレス：fum3795@gmail.com

聞き上手である。人の悩みや愚痴を親身になって、じっくりと聞いてくれる。受けこたえも柔らかく、やさしさにあふれている。

施術はカウンセリング、ヒーリング、マッサージ、そして、ハーブ蒸しまで加わり、心と体のリフレッシュをしてくれる。

「女性の美しさに貢献したい」と井上先生は語る。下着メーカー勤務のあと、小顔矯正などの美容矯正のサロンに勤めた。

先生自身はけっこう波瀾万丈な人生を送ってきている。30代後半でカナダ移住を志して海外にわたり、現地でメキシコ人の男性と国際結婚し、相手がDVとわかり離婚。シングルマザーとして苦闘してきた。「結婚も大変でしたけど、離婚も大変でした」と語るが、どこかのんびりしている。これも井上先生の人柄だ。「女性の自立を助けたい。人の悩みを聞いたり解消したりしてあげるのが、自分の使命だと思うんです」と語る。そのために岡山市に「Santuario サンドゥアリオ」をオープンし、女性の皆様を待っている。

中国長寿気功整体院

前《まえ》徳《とく》芳《よし》江《え》先生

得意とする相談内容：肩こり、腰痛、慢性疾患、脳梗塞、運動不足、眼精疲労、けがの後遺症、
解決手法：気功整体、小顔矯正、骨盤矯正　※難病の方もご相談ください。
解決方法：対面※要予約
時　　間：10：00～13：00　14：00～20：00　休業　水曜日
料　　金：初診料1500円、整体料4500円、ダイエット気功整体5600円、ダイエット教室80000円／15回
住　　所：〒214-0011 神奈川県川崎市多摩区布田 2-25
電　　話：044-944-8855
メールアドレス：ホームページからお問い合わせ
サイトURL：https://www.c-kikouseitai.com/

中国の伝統技術を現代日本に伝えている数少ない先生の一人だ。上海で修行を積んで来日、開院したちまち大人気となった。

筋ジストロフィーでやせ細った10歳の男の子が母親と訪れたことがある。数回の施術でみるみる回復し、13歳になった今では普通の少年に近づいている。母親には命の恩人のように感謝されている。交通事故の後遺症で何年も苦しめられた痛みから解放された人もいる。一生ものとあきらめていた肩こりが消えてしまった人も多い。

「人間は『気』でできているんです」と先生は訴える。その「気」を自在に操り整体で体中の不具合を鮮やかに癒していく。もはや神業に近い。

ユニークなところではダイエット気功整体や小顔矯正がある。これも一回で効果が出る。貴重なのは施術するだけではなく、お客様に整体を教えているところだ。気功と整体は相乗効果があり、自分で体重や小顔を維持できる。料金もかかりやすく設定してくれている。

ヒマーチャルレイキ ヒーリングスクール

サントゥーシャ・チカ先生

得意とする相談内容：良縁、開運、健康、祈願、神通力、ビジネス・起業、就職、受験
解決手法：自己意識改革へのファシリテータ、神通力、瞑想、レイキエネルギーワーク、カウンセリング
解決方法：対面、オンライン・テレワーク、電話相談
時　　間：受付時間 11：00～20：00　不定休
料　　金：ワンセッション（占い、意識ワーク）5000円／30分
住　　所：〒810-0073　福岡市中央区舞鶴一丁目 9-3　朝日プラザ天神 517（親不孝通りの母）
〒869-2403　熊本県阿蘇郡南小栗町大字中原 6-9　ASO リトリートスクール
電　　話：090-5748-9545
メールアドレス：サイトからお問い合わせください
サイトURL：http://reiki.vc/

笑顔も良ければ面倒見もいい。20年以上に渡って数千人もの人の相談に乗ってきた。福岡の地元では通りの名前をもじって「親不孝通りの母」と親しまれている。会うだけでエネルギーがチャージできるような先生なのである。

だがその修行は人並み外れている。インド・ヒマラヤに何度も渡り、ダライラマ法王の地、北インド・ダラムサラにて、「ヒマーチャルヒーリング概念」を学んだ。その真髄を「ヒマーチャルレイキ」と名付け、オリジナルの「ヒマーチャル霊気」を創設、弟子は国内２０００人以上に及ぶ。

「インドの神々のパワーは、愛と感謝と喜びでした」と語り、そのパワーで日本と地球の幸せに尽くしている。

著書「神の国から」からを出版。瞑想を広めるため大自然のただ中、熊本県阿蘇にＡＳＯリトリートスクールも開設した。「コロナ禍の中、新しい自分を見つけるパワーをチャージしましょう」と先生は呼びかけている。

愛station《あいすていしょん》

ライトワーカー魔女junko《まじょじゅんこ》先生

得意とする相談内容：恋の悩み、仕事の悩み、家庭の悩み、お金の悩み、開運、その他全般
解決手法：レイキヒーリング、ルノルマンカード、神通力、祈願祈祷、アバランティアアチューンメント、霊感霊視、スピリチュアルリーディング
解決方法：対面
時　　間：完全予約制　時間応相談
料　　金：3000円／30分～
住　　所：〒860-0807　熊本市中央区下通り1-11-3カコイビル2F　鉄板焼き　はしもと内
電　　話：090-9070-3550
サイトURL：https://www.facebook.com/docomoMoon/

熊本一番の華街下通りで頭角を現している注目の占い師である。鉄板焼き「はしもと」のママさんだけあって、気さくな先生だ。「お友達になりましょう」と明るく話しかけてくれる。こんなキャラクターだからリピーターも多く「よく一緒にランチもするんですよ」と笑顔を見せる。

持ち前の直感力を生かして、鉄板焼きの店内で始めた「カード＋霊感霊視占い」が、まっぽし（ずばり）当たる!!　と評判だ。当たるだけではない。クライアントの話を親身になって聞き、隠れている一面も指摘する。「彼氏ができないんですと悩んでいながら、実は男性恐怖症だったりします。両親の仲が悪かったりすることもありました。これがわかると、今までとは違った接し方ができるようになります」と語る。カウンセリングもしてくれる。これも「皆さんの幸せを願っているから」と語る。

現在は、ヒーリングスクール「Dragon Moon熊本下通り校」の代表として占い師やヒーラーの育成にも力を入れている。

典プレゼント～☆☆☆☆☆☆…～

す！

1,120円相当）を無料プレゼントさせていただ

名「5大特典プレゼント応募」

送りください。

解除」10,000円（税込）

て、身体の波動を調整して生命成長を促します。

応報の開運術」1,320円（税込）

を立てていく開運のヒントが満載。

マイビジネスをつくる！30日で180万円！」

を安定して生きるノウハウと起業マインド公開！

分になる成功宣言予祝ノート」

ッセージ動画プレゼント！（メールにて動画

プレゼントについてのお問合せは hk@sanrakusha.jp 担当上江まで

～☆☆☆☆☆☆…～読者5大特

本書をお読みいただきましてありがとうござ
今回特別に読者のみなさまへ**5大特典（総**
きます。今すぐ hk@sanrakusha.jp 担当上江まで
本文にお名前ご住所をお書きいただきメール

特典1：千葉一人先生から　波動音楽CD「

効果：波動を高める働きがあります。魂の封印を解

特典2：菜奈実先生から　書籍「幸運を招く

内容：自分で運命を見ることができるようになり、

特典3：小林敏之（三楽舎）から　書籍「ZOO
1,000円（税込）

内容：100年時代突入の今、マイビジネスをつくり

特典4：三楽舎プロダクションから「なりた

特典5：その他著者の先生方からの自己紹
URL送付）

数には限りがあります。お早めにお申込みください！

●本書をお読みいただいたみなさまへ

この度は、お買いあげいただきましてありがとうございました。

本書では、心とからだの悩みを抱えた方、問題をお持ちで苦しんでおられる方、人生を変えたいと願う方へ向けまして、悩みや問題を解決に導く選りすぐりの専門家25人を紹介しております。

本書にご登場されている先生方が、あなたの人生をより良いものとする道しるべとなり、幸せへの道案内ができるのではないでしょうか。

なお、本書に掲載されております各先生のデータは2021年12月現在のものとなります。料金、時間等は変更されることもございますので、事前にご確認されますことをお勧めいたします。

あなたにとって最高の先生に出会え、悩みを解決され、豊かですばらしい人生になりますことを編集部一同願っております。

2021年12月16日　第一刷発行

「このwithコロナの悩みにこの頼れるスペシャリスト25人」

『心とからだの悩み解消プロジェクト』特別取材班・編

発行所　（株）三楽舎プロダクション
〒170-0005　東京都豊島区南大塚3-53-2　大塚タウンビル3階
電話　03-5957-7783
FAX　03-5957-7784

発売所　星雲社（共同出版社・流通責任出版社）
〒112-0005　東京都文京区水道1-3-30
電話　03-3868-3275
FAX　03-3868-6588

印刷所　創栄図書印刷
装幀　Malpu Design（佐野佳子）
DTP制作　CAPS

万一落丁、乱丁などの不良品がございましたら、お取替えいたします。
ISBN　978-4-434-29758-8　c0011

三楽舎プロダクションの目指すもの

三楽舎という名称は孟子の尽心篇にある「君子に三楽あり」という言葉に由来しています。

孟子の三楽の一つ目は父母がそろって健在で兄弟に事故がないこと、二つ目は自らを省みて天地に恥じることがないこと、そして三つ目は天下の英才を集めて若い人を教育することと謳われています。

この考えが三楽舎プロダクションの根本の設立理念となっています。

生涯学習が叫ばれ、社会は少子化、高齢化さらに既存の知識が陳腐化していき、われわれはますます生きていくために、また自らの生涯を愉しむためにさまざまな知識を必要としています。

この知識こそ、真っ暗な中でひとり歩まなければならない人々の前を照らし、導き、激励をともなった勇気を与えるものであり、殺風景にならないように日々の時間を彩るお相手であると思います。

そして、それらはいずれも人間の経験という原資から繭のごとく紡ぎ出されるものであり、そうした人から人への経験の伝授こそ社会を発展させてきた、そしてこれからも社会を導いていくものなのです。

三楽舎プロダクションはこうしたなかにあり、人から人への知識・経験の媒介に関わり、社会の発展と人々の人生時間の充実に寄与するべく活動してまいりたいと思います。

どうぞよろしくご支援賜りますようお願い申しあげます。

三楽舎プロダクション一同